tout compris 1

William Rowlinson
Senior Lecturer in Education
Sheffield University

Oxford University Press

Oxford University Press, Walton Street, Oxford OX2 6DP

London Glasgow New York Toronto
Delhi Bombay Calcutta Madras Karachi
Nairobi Dar es Salaam Cape Town Salisbury
Kuala Lumpur Singapore Hong Kong Tokyo
Melbourne Auckland

and associate companies in
Beirut Berlin Ibadan Mexico City

© Oxford University Press 1979
First published 1979
Reprinted 1980, 1981

tout compris is complete in two parts. Each part comprises:
pupil's book
teacher's edition
reader pack
presentation tape/cassette

Filmset in 'Monophoto' Ehrhardt 11 on 13 pt. by
Richard Clay (The Chaucer Press), Ltd., Bungay, Suffolk
and printed in Hong Kong

preface

Tout compris is a two-part French course with textbooks, tapes/cassettes and reader packs, leading to O level or an equivalent standard. The textbooks and readers alone may be used if a tape-recorder is not available.

The course is sufficiently flexible to be used by beginners at any stage of the secondary school course, whilst its generally adult approach should make it suitable also for older beginners and for those who, having studied French rather diffusely in their early school years, now need a carefully structured course leading directly to the 16+ examinations. It should also appeal to adult students wishing to learn modern spoken French.

The course is based in the first instance on a grammatical syllabus, with language in situation and language as function (e.g. expressing liking, showing surprise, indicating a preference etc.) also strongly determining content. A one-step-at-a-time approach has been used, expecially in the early stages, whereby new structures are introduced with known vocabulary and vice versa. The grammatical sequence is a generally accepted one: teachers will note, though, the restriction on verb forms in the early lessons, as adjectives, prepositions and the concept of gender and agreement are built up. They may also appreciate the relatively early introduction of the perfect in its very simplest form to make the language sound more natural and to fix the basic **avoir** + **-é** before tackling, later, the ramifications of the tense.

Many exercises and activities in the course are marked for pairwork. The author is a strong believer in this technique to give pupils practice in oral interchange. Indeed, it is difficult without it to develop fluent speaking in a normal-sized language class: the language laboratory is not a real substitute for face-to-face exchange of language. However, it cannot be too much stressed that pairwork must always be preceded at this stage by a thorough oral work-through of the exercise or activity with the whole class, to make sure that correct French is being practised by the pairs.

All four skills—aural comprehension, speaking, reading, writing—are taught by the course, with writing and (especially) reading not neglected. It is, however, up to the individual teacher to decide what stress he or she puts on the written word: very many exercises can be used either orally or for writing, or both.

English is used in the course in two ways: in the early stages especially for scene-setting and explanation of activities, and for grammatical explanations. The pupil has also from time to time to answer questions or give summaries in English, to ensure that the meaning of the French is fully clear. Half-understood language is depressing and dangerous.

There are 60 units in part one, many quite short. They do not follow a set pattern, in order to lend variety and keep interest. However, every third or fourth unit is revision, and these revision units are more formal. They bring together the grammar of the previous two or three units and list all the vocabulary introduced there. The revision units also contain five or six revision exercises based on the main grammatical points, exercises largely intended as written work—though some can be used orally and for pairwork.

The teacher's notes form a separate section of the teacher's edition, which is then followed by the text of the pupil's book. This practice has been adopted since most teachers like to teach in the classroom from the same text as their pupils are using. The teacher's notes explain briefly the point of each activity and include some suggestions on how to exploit the material. These are not prescriptive: each teacher develops a methodology that suits his own style and his pupils' capacities and interests. In particular it should be noted that it is not intended that all activities indicated as suitable for writing should be written. It is expected that the teacher will choose, reject, adapt on the basis of his own pupils' needs. A textbook should be a lifeline rather than a blueprint.

The reader pack, **tout compris readers 1**, should be introduced after unit 45 and it is suggested that one period per week or fortnight from then on be devoted to silent reading. The readers in the pack are set in Paris and are all at the same language level, so pupils can read them in any order. In vocabulary and structure they are carefully dovetailed with the course (and silent reading comprehension is developed specifically from unit 30 on). As well as reinforcing course vocabulary the readers extend it further into areas not covered by the textbook. Fuller details and suggestions for further exploitation of the reader material are included at the end of the teaching notes section of the teacher's edition.

The course offers a good deal of French background material *en passant*, and gives many starting points for the teacher to develop civilization work. The photographs have been taken with their civilization or language content in mind.

The tape/cassette to part 1 is entirely of presentation material. Very many of the exercises in the coursebook can, however, be used as language laboratory drills. They have not been recorded as such for economic reasons: it is much cheaper for the teacher or his French *assistant* to do this himself. It is less easy, however, to produce lively scene material and the professional actors who have recorded the presentation tape go beyond the competence of most teachers and *assistants*.

The following signs are used in the text: ⊙ material appearing on the presentation tape; 【¶ material suitable for pairwork. The numbers in the French–English vocabulary at the end of the textbook refer to the unit in which a French word in a particular meaning is first introduced.

W.R.
Sheffield, July 1978

Acknowledgements
The author is very grateful to Nicole Rueg for her meticulous pursuit of *le mot juste*, and to David Smith, Head of Modern Languages at Ecclesfield Comprehensive School, Sheffield, for his many excellent criticisms and suggestions. The author would also like to thank the Oxford University Press production team for their unfailing help and encouragement.

Photographs are by the author and Jeffrey Tabberner.
Illustrations are by Peter Edwards.

contents

Unit	Grammar	Situation/Language area Functions	Page
1	*un/une; qu'est-ce que c'est?/ c'est;* intonation question; *ça*	clothing; Customs naming and asking names of things; saying good-morning and good-bye; saying please and thank you; saying yes and no	2
2	*le/la/l'; je/tu porte(s)*	money; numbers 1–5, tens 10–60, hundreds; clothes shop asking and giving prices; asking what someone is wearing; saying what you're wearing	3
3	revision		5
4	*il/elle/*noun *porte*; adjective after noun	colours saying and asking what a third person is wearing; asking what else and if that is all; asking what colour something is	7
5	m and f of adjectives	numbers 6–9; colours; cleaners asking what costs a certain amount	9
6	revision		13
7	*moi/toi*	cars stating a preference; expressing disagreement	15
8	*du/de la/de l'* (= of the)	position; shops; streets asking and saying where things are in relation to other things	17
9	*des/les*; plural adjectives and nouns; *ils/elles coûtent*	clothing; money; window shopping saying something is pretty, dear etc.; asking for confirmation of a statement	20
10	revision		23
11	*ne/n' ... pas; ma/ta*	fruit denying a suggestion	25
12	*mon/ton; son/sa*	stationery disputing a statement	27

13	**revision**		30
14	*mes/tes/ses*; *de* + noun = 's	numbers 11–19 expressing mild disgust	33
15	*son* + f noun; *du/de la/de l'/des* (= some); quantity + *de/d'*	foodstuffs; shopping: grocer's, butcher's, baker's, garage asking for quantities	35
16	**revision**		38
17	present *avoir*; *notre/nos/votre/vos/leur(s)*; *avoir* + past part. in *-é* and *-u*	lost property saying there's something else; asking for lost property	41
18	*pas de*; *nous -ons/vous -ez*	police expressing mild sarcasm; contradicting yourself; hesitating (stalling); saying you're sorry	44
19	**revision**		48
20	present *être*; *si* = yes	personal characteristics contradicting	50
21	imperative in *-e*	time; ordinal numbers asking and telling time; saying you don't know; asking and giving directions	52
22	present *partir/prendre*	timetables; meals; coach station asking at what time; categorising by time	55
23	**revision**		59
24	inversion question; *avoir* + age	numbers 70–99; café asking and giving age; expressing surprise; calling attention	62
25	present *faire*; *est-ce que* question	weather; days; months; seasons; dates asking about and describing the weather; asking and giving days and dates	65
26	**revision**		68
27	present *aller*; *aller* + infinitive; *il y a/il n'y a pas*	car parking; going out asking and expressing intention; saying something is forbidden; saying pardon?	72
28	*avoir* + *raison/tort/faim/soif*	restaurant; menu suggesting; saying someone is right; saying you've already done something	75
29	*je voudrais/vous voudriez*; *pour* + infinitive	asking and expressing desires; giving reasons; saying no thank you	78

30	**revision**		80
31	*nouveau/beau* (*-el, -elle, -x, -elles*); adjective + noun; *il faut*	narrative introduced saying and asking if you must do something; saying how (adjective) something is	84
32	*on*; adjective + noun + adjective	petrol station (self service); returning something faulty asking someone to wait a moment; saying excuse me; saying you're just coming; saying something doesn't work	87
33	*ce/cet/cette/ces . . . -là*; *le/la/les* (direct object)	beach indicating *that* thing or person; asking someone's opinion of someone; giving your opinion of someone	91
34	**revision**		94
35	reflexive verbs; present *-e . . er* verb; *ne . . . rien*	making a tentative suggestion	96
36		alphabet; hotel reception asking someone's name and address; asking someone to do something politely; spelling aloud	100
37	**revision**		103
38	present *-dre* verbs; *ne . . . que/ ne . . . personne*; *personne . . . ne*; *ce* (etc.) *. . . -ci*	Métro	106
39	present *venir/tenir/dire*; *que* = *that*	means of transport reporting speech	112
40	*ne . . . plus*	customer situations saying someone can do something	115
41	**revision**		119
42	*qui* relative; *ce que*; *quelque chose de*; direct speech + inversion; *ne . . . jamais*	haggling	123
43	*que* relative	rooms; furniture saying something doesn't matter	129
44	present *vouloir/pouvoir*; *ce qui/ce que*	saying that/asking if someone can do something; saying that/asking if someone wants to do something	133
45	**revision**		136
46	*avoir mal à*	parts of body; doctor saying it hurts somewhere; saying it's a pity	139

47	*me/te/nous/vous* (direct object)	telephoning; booking a table saying you want to reserve something; saying yes impatiently	143
48	present *-ir* verbs; *avoir* + past participles in *-i* and *-ert*		146
49	**revision**		148
50	comparative/superlative adjectives; *plus . . . que*; disjunctive pronouns	post office saying you think that . . .; making comparisons; saying what one might do; saying whose something is	151
51	comparative/superlative adverbs; *pas si . . . que*; *en* (pronoun)	family relationships saying you don't understand; contradicting	155
52	*moins/aussi . . . que*; *il y en a*	saying something is true/false	160
53	**revision**		163
54	*avoir* + common irregular past participles; present *voir*	taxis	167
55	present/perfect *mettre*; imperative + direct obj. pron.	trying on clothes	170
56	**revision**		173
57	perfect, *être* verbs; past participle agreement (*être*)	reporting accident asking may you do something	175
58	perfect reflexive verbs (positive and negative)	buying ice-cream changing your mind	179
59	mixed perfects; *pour/sans* + infinitive; obj. pronoun + infinitive	getting up in the morning	183
60	**revision**		185
	Crossword solutions		188
	Irregular verbs		189
	French–English vocabulary		193
	Grammar index		203

unit 1

What's what?

un anorak
un slip
un pyjama
un collant
un pantalon
un manteau
un blue-jean

Qu'est-ce que c'est? C'est ……

une chemise
une robe
une jupe
une cravate
une ceinture

Qu'est-ce que c'est?

C'est ……?

C'est ……

Oui, c'est ……

Non, c'est ……

Clothes get scruffy on a long holiday

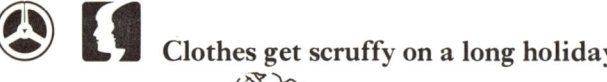

Customs Officer:	Bonjour monsieur!
Traveller:	Bonjour!
Customs Officer:	Ouvrez, s'il vous plaît!
	Mais . . . qu'est-ce que c'est?
Traveller:	C'est un pantalon!
Customs Officer:	Et ça, qu'est-ce que c'est?
Traveller:	C'est une chemise!
Customs Officer:	Et ça, qu'est-ce que c'est?
Traveller:	……
	…… ……
Customs Officer	
(he's seen everything!):	Bon, merci monsieur. Au revoir!

unit 2

Un anorak, ça coûte combien?

Ça coûte combien? Cent francs.

dix vingt trente quarante cinquante soixante } francs	deux trois quatre } cents francs

Alain and Pauline are going out for the day

Tu portes un pantalon?
      Non, je porte un blue-jean.
Tu portes une chemise?
      Oui, je porte une chemise.
……
      ……
      Et toi, tu portes un manteau?
Non, je porte un anorak.
      Tu portes une robe?
Non, je porte une jupe.
      ……
……

Make up your mind!

Salesgirl: Bonjour madame!

Customer: Bonjour. Le manteau coûte combien?

Salesgirl: Ça coûte cinq cents francs, madame.

Customer: Cinq cents francs?! Et la chemise coûte combien?

Salesgirl: Ça coûte ……

Customer: ……

      …… ……

Customer: Bon, merci. Au revoir!

Salesgirl (ironic): Au revoir madame! Et merci!

unit 3 revision

Grammar

Nouns in French have **gender**: they are all either masculine or feminine.

When the French say 'a' or 'the' before a noun, they use **un** and **le** for masculine nouns and **une** and **la** for feminine nouns:

un manteau   le manteau
une chemise   la chemise

If the noun starts with a vowel they use **l'** instead of either **le** or **la**:

un anorak   l'anorak

The only safe way to remember gender is to learn it with the noun—so don't learn **chemise**, learn **la chemise**.

a   Je porte

Ça …… combien?

C'est

Qu'est-ce que …… ?

Tu portes  ?

Bonjour mo……

Au revoir ma……

Ouvrez, s'il vous ……!

Tu portes  et

Le blue-jean coûte deux ……

le pantalon (pair of) trousers
le pyjama (pair of) pyjamas
le slip (pair of) pants
le blue-jean (pair of) jeans
le collant (pair of) tights
le manteau coat
l'anorak (m) anorak
le franc franc
monsieur sir

la chemise shirt
la ceinture belt
la robe dress
la jupe skirt
la cravate tie
madame madam

un, une a; one
deux two
trois three
quatre four
cinq five
dix ten
vingt twenty
trente thirty
quarante forty
cinquante fifty
soixante sixty
cent (one) hundred

ouvrez! open!
je porte I'm wearing
tu portes you're wearing
c'est it's
ça coûte combien?
      how much is it?
ça that
et and
bon! good; right
toi you
oui yes
non no
voilà there you are
bonjour good day; good morning
au revoir good-bye
merci thank you
s'il vous plaît please
qu'est-ce que c'est? what is it?
mais but

b

C'est un pantalon. Le pantalon coûte deux cents francs.
C'est un pyjama. Le pyjama ……
…………
etc.

c   Tu portes une cravate?   — Oui, je porte une cravate.

Tu portes un blue-jean?   — Non, je porte ……
Tu portes un pyjama?   — Oui, ……
Tu portes une jupe?   — Non, ……
Tu portes un collant?   — Oui, ……
Tu portes un manteau?   — Non, ……

d   Find likely questions for these answers

(Non, je porte un pantalon.)   — Tu portes une jupe?
(Non, je porte un manteau.)
(Oui, je porte une chemise.)
(Non, je porte une jupe.)
(Oui, je porte une ceinture.)
(Non, je porte une robe.)

unit 4

Another lost husband

Listen to the dialogue and then describe in English what the lady's husband is wearing

jaune yellow
rouge red
orange orange
marron brown

Listen to the dialogue again and then copy down these questions and answer them:

Il porte un anorak?
De quelle couleur?
Qu'est-ce qu'il porte aussi?
De quelle couleur?
Et aussi?
La cravate est rouge?
C'est tout?
De quelle couleur est le pantalon?

Policeman:	Qu'est-ce qu'il porte, madame?
Woman:	Il porte un anorak.
Policeman:	De quelle couleur, madame?
Woman:	Jaune.
Policeman:	Et aussi?
Woman:	Une chemise.
Policeman (*writing*):	Une chemise . . . De quelle couleur?
Woman:	Rouge.
Policeman:	Bon, rouge . . . Et . . . ?
Woman:	Et il porte une cravate.
Policeman:	Rouge?
Woman:	Non, orange.
Policeman:	Hm . . . C'est tout?
Woman:	Oui, c'est tout . . . Ah non, il porte un pantalon!
Policeman:	Ah bon, il porte aussi un pantalon! De quelle couleur?
Woman:	Marron.

 What the stars are wearing

Ah, c'est Brigitte.
Elle porte un pull jaune,
une ceinture rouge,
une jupe orange et
un collant marron.

And the others?

Pierre Marie Jean Maryse Anne Paul Yves

unit 5

It's a scandal, these prices!

Le manteau rouge coûte deux cents francs.
— Mais le manteau vert coûte neuf cents francs!

L'anorak jaune coûte cent francs.
— Mais l'anorak noir coûte sept cents francs!

Le pyjama ......
— Mais ......

Le pyjama orange coûte soixante francs.
— Mais le pyjama bleu coûte huit cents francs!

Le manteau ......
— Mais ......

L'anorak ......
— Mais ......

 What costs what?

One member only of each pair should turn over to page 10

Qu'est-ce qui coûte cent francs?
— Le pantalon bleu.

The member of the pair who has turned
over asks his partner these questions:

Qu'est-ce qui coûte cent francs?	(Le pantalon bleu)
deux cents francs?	(Le pantalon marron)
trois cents francs?	(Le pantalon vert)
quatre cents francs?	(La robe jaune)
cinq cents francs?	(La robe orange)
six cents francs?	(La robe rouge)
sept cents francs?	(Le manteau noir)
huit cents francs?	(Le manteau marron)
neuf cents francs?	(Le manteau bleu)

Clothes lines

Solution page 188

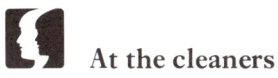 At the cleaners

Nettoyage

Un pantalon	20 F
Un blue-jean	10 F
Un manteau	60 F
Une robe	50 F
Une jupe	30 F
Un anorak	40 F
Une cravate	4 F

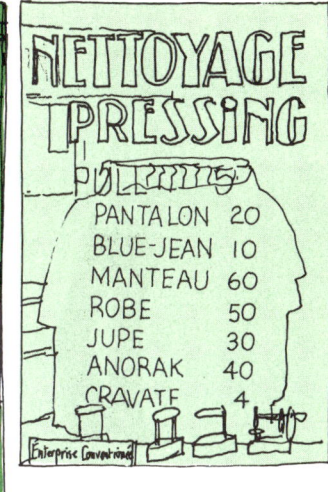

Assistant
(taking ticket): Merci madame (monsieur). C'est un manteau ?
Customer: Non, un pantalon.
Assistant: Ah oui, un pantalon. Voilà, madame. Vingt francs s'il vous plaît.
Customer: Voilà madame (monsieur). Merci.
Assistant: Voilà madame. Au revoir.

Substitute other items of clothing and sums of money in the boxes.

What are they wearing?

Yves porte un pantalon noir
et une cravate noire.

Marie porte un collant bleu
et une robe bleue.

Anne porte un pull vert
et une jupe verte.

Qu'est-ce que c'est?

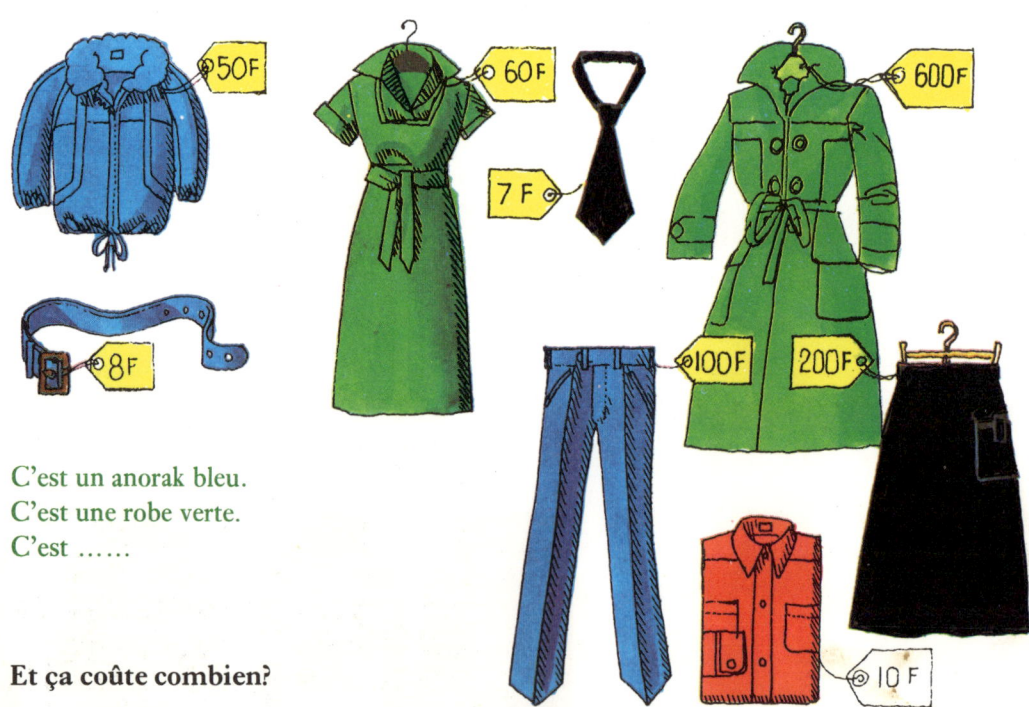

C'est un anorak bleu.
C'est une robe verte.
C'est ……

Et ça coûte combien?

L'anorak bleu coûte cinquante francs.
La robe verte ……
etc.

Anne porte une jupe bleue

Make up similar sentences for as many members of your class as you can.

unit 6 revision

Grammar

1. Adjectives with nouns usually follow the nouns:

    un anorak jaune   une cravate rouge

    If an adjective doesn't already end in **-e** (as **rouge, orange, jaune** do) it adds an **-e** when used with a feminine noun:

    un pantalon vert   une cravate verte
    le pantalon est vert   la cravate est verte

    marron is an exception to this—it *never* changes.

2. Verbs in the singular of the present:

    >   je **porte**
    >   tu **portes**
    > il, elle, Yves, Marie **porte**

    Notice the unpronounced **-s** on the **tu**-form.

    Most French verbs follow this pattern.

3. Note the French ways of asking *what?*

    qu'est-ce qui coûte?
    — *what costs?* (*what* = subject)
    qu'est-ce que Marie porte?
    — *what is Marie wearing?* (*what* = object)
    qu'est-ce qu'elle porte?
    — *what is she wearing?* (**que** becomes **qu'** before a vowel)

le nettoyage dry-cleaning
le pull pullover

jaune yellow
rouge red
orange orange
marron brown
bleu blue
vert green
noir black

aussi also; as well
tout all; everything
de quelle couleur? what colour?
il he; it (m)
elle she; it (f)

six six
sept seven
huit eight
neuf nine

a

C'est un manteau.
……

b Write out in full, adding **porte** or **portes**

Anne ...... un pull.
Il ...... une chemise bleue.
Tu ...... le manteau marron?
Qu'est-ce que tu ......?
Elle ...... aussi une jupe orange.
Pierre ...... un blue-jean?

c Add a different colour adjective in each sentence

C'est un pantalon.
— C'est un pantalon marron.

Le manteau coûte trois cents francs.
Yves porte une cravate.
Le blue-jean est ......
Tu portes une robe?
La jupe coûte cent francs?
Elle porte une ceinture.

d Write out these labels in full

e Invent questions to these answers

Il est rouge.
— De quelle couleur est le manteau?

Elle est jaune.
Il est marron.
Elle est bleue.
Il est vert.
Elle est orange.

And to these

Non, il est rouge.
— Le manteau est vert?

Non, elle est jaune.
Non, il est marron.
Non, elle est bleue.
Non, il est vert.
Non, elle est orange.

f Using only material from the book, add as much as you can to this telephone conversation between Yves and Anne:

Yves: Tu portes une robe jaune?
Anne: Non, une robe verte. Et toi, tu portes une chemise bleue?
Yves: ......

unit 7

Paul, Anne, Marie and Jean are deciding from the advertising brochures which car they prefer

une Renault

une Citroën

une Simca

une Peugeot

Read these questions, listen to the dialogue, then answer the questions in English:

Who prefers the Simca?
What car does Anne prefer? In what colour?
Who makes her change her mind? To what?
Who wants the white Renault?
What does Jean want instead of a white Peugeot?

je préfère I prefer
blanche (f) white
pour for

Copy out these sentences, then listen to the dialogue again and insert the missing words:

Paul: Une Citroën ……? Ah, ça non!
Anne: Bon, alors une Citroën …… pour moi.
Anne: Et pour toi,……? Une Peugeot blanche?
Paul: Moi, je préfère une ……
Anne: Bon, une Renault …… pour Marie.

Paul: Moi je préfère... une Simca.
Anne: Une Simca, Paul? Ah non, moi je préfère une Citroën.
Paul: De quelle couleur, Anne?
Anne: Une Citroën bleue.
Paul: Une Citroën bleue? Ah, ça non!
Anne: Alors, de quelle couleur, Paul?
Paul: Une Citroën blanche. Oui, une Citroën blanche.
Anne: Bon, alors une Citroën blanche pour moi. Et toi, Marie, tu préfères...?
Marie: Moi, je préfère une Renault blanche.
Anne: Bon, une Renault blanche pour Marie! Et pour toi, Jean? Une Peugeot blanche?
Jean: Non, merci.
Anne: Non?
Jean: Non. Pour moi... deux Peugeot blanches!

Build some sentences

	Tu	préfères	une Citroën une Peugeot une Ford une Renault une Simca	bleue blanche verte noire rouge ?
	Il Elle	préfère		
Non merci. Mais non. Ah non! Ah, ça non!	Je Il Elle	préfère	......	

16

unit 8

Où est la Peugeot?

La Peugeot est devant la Simca.
La Simca est devant la Citroën.
La Citroën est devant la Renault.
La Renault est derrière la Citroën.
La Citroën est derrière la Simca.
La Simca est derrière la Peugeot.

Où est la Renault? — Devant la Citroën.
   la Simca? — Derrière la Renault.
   la Peugeot?
   la Renault?
   la Simca?
   la Peugeot?
   la Citroën?

à gauche   a droite

Où est la Simca? Elle est à gauche de la Renault et à droite de la Peugeot.

Où est la Peugeot?
   la Citroën?
   la Renault?

Dans l'avenue Charles de Gaulle

La boulangerie est à droite de l'épicerie
et à gauche de la boucherie.

Où est l'épicerie?
le garage?

Et où est la boucherie?
Elle est à gauche du garage.

 Dans la rue de Paris

Le restaurant est à droite du garage
et à gauche du tabac.

Où est l'hôtel?
le tabac?
le café?
le garage?

près de

loin de

Près ou loin? Dans la rue Georges Pompidou

Le garage est …… du café.
La boucherie est …… de l'hôtel.
L'épicerie est …… du restaurant.
Le restaurant est …… du café.
L'hôtel est …… du garage.

 Dans l'avenue de Marseille

Correct

La boulangerie est près du tabac.
— Non, la boulangerie est ……

L'épicerie est à droite du garage.
La Simca est à gauche de la Peugeot.
L'hôtel est à droite du tabac.
Le tabac est près de la boulangerie.

Complete

La Simca est à droite …… Peugeot.
Le garage est près …… boucherie.
La boulangerie est à gauche …… café.
La boucherie est à gauche …… hôtel.
Le garage est près …… épicerie.
Le tabac est loin …… boulangerie.
L'épicerie est près …… garage.
L'hôtel est à gauche …… tabac.

unit 9

  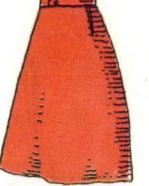 

un pantalon   des pantalons   une jupe   des jupes

un pantalon noir   des pantalons noirs   une jupe blanche   des jupes blanches

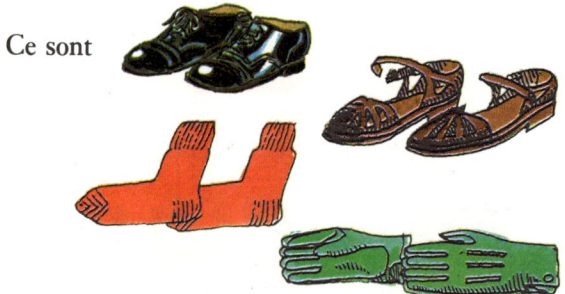

Ce sont   des chaussures (f)

des sandales (f)

des chaussettes (f)

des gants (m)

 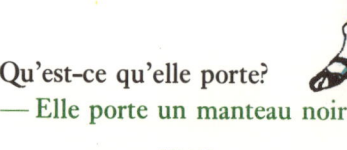

 Qu'est-ce qu'il porte?   Qu'est-ce qu'elle porte?
— Il porte un anorak noir   — Elle porte un manteau noir
        un pull ……   ……
         ……

Anne wants an all-white outfit

la chaussette blanche

les chaussettes blanches

le gant blanc

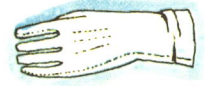

les gants blancs

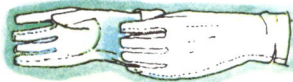

Maryse: Tu achètes quelque chose?
Anne: Ah oui! Un pantalon blanc et des chaussures blanches.
Maryse: Ah! Moi, je préfère les chaussures bleues. Tu achètes un collant?
Anne: Non, des chaussettes blanches.
Maryse: C'est tout?
Anne: Mais non. Des gants blancs et un pull blanc. Toi, tu portes souvent un pull blanc. Il est joli.
Maryse: Ah, merci! Et tout ça, ça coûte combien?
Anne: Alors, le pantalon blanc . . . le pantalon coûte cent francs.
Maryse: Bon, et les chaussures blanches?
Anne: Ah, les chaussures, c'est cent cinquante francs!
Maryse: Oh, ça, c'est cher!
Anne: Oui, mais elles sont jolies, n'est-ce pas? Le pull, c'est aussi cent cinquante. Et le collant coûte dix francs.
Maryse: Et les gants blancs?
Anne: Il coûtent dix francs. Ils sont jolis, n'est-ce pas? Alors . . . quatre cent vingt francs . . . c'est beaucoup trop cher!
Maryse: La ceinture blanche coûte neuf francs. Elle est très jolie!
Anne: Bon, j'achète la ceinture!

Anne préfère des chaussures blanches ou des chaussures bleucs?
Maryse porte souvent un pull—de quelle couleur?
Le pantalon blanc coûte combien?
Qu'est-ce qui coûte cent cinquante francs?
Et aussi?
Qu'est-ce qu'Anne achète?
Et ça coûte combien?

List in English the things that Anne intends to buy, with their prices.

Write out in full and complete the multiplication

Un collant coûte 4 F. Deux collants coûtent ……
Un slip coûte 3 F. Trois ……
Un pantalon coûte 50 F. Quatre ……
Une cravate coûte 10 F. Cinq ……
Une ceinture coûte 5 F. Six ……
Une jupe coûte 100 F. Sept ……
Un pull coûte 50 F. Huit ……

 Be agreeable!

— La ceinture blanche est très jolie, n'est-ce pas?
— Ah oui, elle est jolie.
— Le pull rouge est très joli, n'est-ce pas?
— Ah oui, il est joli.
……
……

Agree that everything your partner wants to buy is nice!

unit 10 revision

Grammar

1. un garage   des garages
   une robe   des robes

   The plural of **un garage** (*a garage*) is **des garages** (*some garages* or just *garages*). **Des** can be either masculine or feminine.

2. le garage   les garages
   la robe   les robes

   The plural of **le garage** (*the garage*) is **les garages** (*the garages*). **Les** can be either masculine or feminine.

3. Adjectives referring to **plural** nouns or pronouns add **-s** (masculine) or **-es** (feminine):

   les gants blancs
   ils sont jolis
   des chaussures bleues

   Note, however, that the adjective **marron** never changes: des chaussures marron

4. The plural forms of **il** and **elle** are **ils** and **elles**. **Elles** (*they*) always refers to feminines; **ils** refers to either masculines or a mixture of masculines and feminines.

5. il   ils
   elle   elles
   le pantalon } coûte   les pantalons } coûtent
   la jupe   les jupes

   The plural form of **il coûte** is **ils coûtent**. Most French verbs follow this pattern.

   Notice that plural endings are written but normally not pronounced.

6. près de la boucherie   près de l'épicerie   près du garage

   De + le becomes **du**.

---

le garage garage
le gant glove
le restaurant restaurant
le café café
le tabac tobacconist's
l'hôtel (m) hotel

la boulangerie baker's shop
la boucherie butcher's shop
l'épicerie (f) grocer's shop
la chaussure shoe
la sandale sandal
la chaussette sock
la rue street; road
l'avenue (f) avenue

je préfère I prefer
j'achète I buy
ils sont they are

moi me
alors well
ou or
où where
quelque chose something
souvent often
beaucoup a lot
trop too
blanc (f: **blanche**) white
joli pretty
cher dear
de of; from
devant in front of
derrière behind
à gauche de to the left of
à droite de to the right of
près de near
loin de far from
pour for
dans in
cent cinquante a hundred and fifty
n'est-ce pas? isn't it?; aren't they?
    (*negative question based on last statement*)

a Le pantalon coûte cent cinquante francs. Et les chaussures?

— Les chaussures coûtent cent cinquante francs aussi.

La jupe coûte cent francs. Et les sandales?
Le collant coûte neuf francs. Et les gants?
Le slip coûte huit francs. Et les chaussettes?
La cravate coûte trente francs. Et les deux ceintures?

b Jean préfère une chemise rouge. Et Paul et François? Ils ...... aussi des ......
Marie-France porte une robe bleue. Et Anne et Brigitte? ......
Claude achète une cravate blanche. Et Marcel et Yves? ......
Françoise achète un pantalon marron. Et Jeanne et Alain? ......
Le pyjama vert est joli. Et les pyjamas rouges? ......

c

A gauche, à droite, devant, derrière.

Où est la Renault? —A gauche de la boulangerie.
    la Simca?
    le tabac?
    la Citroën?
    la boulangerie?
    la Peugeot?
    le garage?
    l'épicerie?

Près du, près de la, près de l'

Correct:

L'épicerie est près du garage
— L'épicerie est près de la boulangerie.

La Renault est près de la Peugeot.
Le garage est près de la boulangerie.
La boulangerie est près du tabac.
La Peugeot est près du tabac.

d Complete (choose your own colours)

Tu préfères le manteau rouge?
— Non, je préfère le manteau vert.

Tu préfères la jupe orange?
Tu préfères le pull marron?
Tu préfères les chaussures noires?
Tu préfères la chemise bleue?
Tu préfères le pantalon blanc?

e Bargain Basement

Look at what your partner is wearing and make out a bill for his/her clothes (in French!). Then read it out to him to let him know what you think his clothes are worth!

Le pantalon   5 F
Le pull   2 F
Les chaussures

unit 11

C'est une pomme

une pêche

une banane

un melon

une poire

une tomate

une orange

🗣 C'est une pomme?   — Non, ce n'est pas une pomme.

un melon?   — Non, ce n'est pas un melon.

une pêche?   — ……

une banane?

une tomate?

une poire?

une orange?

une pomme?

🗣 Je pense à quelque chose

a   fruits
— C'est une pêche?   — Non, ce n'est pas une pêche.
une pomme?   —   une pomme.
……

b   clothing
— C'est un anorak?   — Non, ce n'est pas un anorak.
un pyjama?   —   un pyjama.
……

c   cars plus colours
— C'est une Simca verte?   — Non, ce n'est pas une Simca verte.
une Renault blanche?   —   une Renault blanche.
……

En promotion!

Les pommes ne coûtent pas trois francs soixante, elles coûtent deux francs cinquante le kilo!

— Et les pêches?
— Et les oranges?
— Et les tomates?
— Et les melons?

 Guess what she's wearing!

— Tu portes ta robe bleue?
             jaune
             rouge
             marron
             blanche
             ……

— Non, je ne porte pas ma robe bleue.
                              jaune
                              rouge
                              ……

Alors, qu'est-ce que tu portes?

— Je porte un blue-jean.

 Keep the awful truth about your car from your new girl friend as long as possible

— C'est ta voiture, la Renault bleue? la Simca jaune? la Peugeot rouge? la Citroën blanche? ….

— La Renault? Euh, non, ce n'est pas ma voiture.
La Simca? ……
……

Alors, où est ta voiture?

Voilà ma voiture!

unit 12

 un livre

 un stylo à bille

 un crayon

 un classeur

 une table

All ballpoints look the same

Listen to the dialogue as often as you need to in order to answer these questions (take notes if you want to):

What colour ballpoint is Nicole using?
What colour is the ballpoint on the table?
What colour is Anne's pen?
What colour pen does Claude have?
Who has Claude's pen?

s'il te plaît please
mon, ton my, your
sur on
voyons come on!
pardon I'm sorry
bien sûr of course
ça alors for heaven's sake

Anne:	Mon stylo à bille, s'il te plaît, Nicole.
Nicole:	Ah pardon, c'est mon stylo à bille. Ton stylo est sur la table, Anne.
Anne:	Sur la table? Où?
Nicole:	Derrière les livres!
Anne:	Le stylo bleu?
Nicole:	Oui, bien sûr!
Anne:	Mais ça, ce n'est pas mon stylo. Mon stylo est rouge.
Claude:	Moi, j'ai un stylo rouge, Anne.
Anne:	Mais voyons, Claude! Ça, c'est mon stylo rouge!
Claude:	Alors, où est mon stylo?
Nicole:	Un stylo rouge, Claude? Moi, j'ai un stylo rouge . . . mais . . .
Claude:	Ah ça alors, Nicole! Ça, c'est mon stylo rouge!

 Afraid it isn't!

Voilà ton stylo! — Ah pardon, ce n'est pas mon stylo. Mon stylo est sur la table.
    ta voiture   ma voiture   dans le garage
    ton classeur
    ton anorak   ……   ……
    ta Renault
    ton livre
    ……

None of it's mine!

  C'est ton pull?

Non, ce n'est pas mon pull, c'est son pull.
      ……   ……

C'est ta Citroën?

Non, ce n'est pas ma Citroën, c'est sa Citroën.
…… ……

 Où sont-ils?

sur la table

sous la table

In pairs: collect as many objects as you readily can whose names you know in French (things like **un crayon, un classeur, un livre**) and arrange them on your desk so that they are on, under, in front of, behind (etc) each other. Then take it in turns to ask questions:

Où est le classeur?   — A gauche du livre.
       le stylo?   — Sous le classeur.
…… ……

unit 13 revision

Grammar

1   ce n'est pas une pêche
elles ne coûtent pas trois francs soixante

To make a statement negative, **ne** is placed in front of the verb and **pas** after. If the verb begins with a vowel **ne** becomes **n'**.

2   mon pull   ma voiture
    ton pull   ta voiture
    son pull   sa voiture

The possessive adjectives agree in gender with their noun, *not* the person they are referring to. So **son pull** means both *his pullover* and *her pullover*, **sa voiture** means both *his car* and *her car*.

a   Qu'est-ce que c'est? C'est une ……

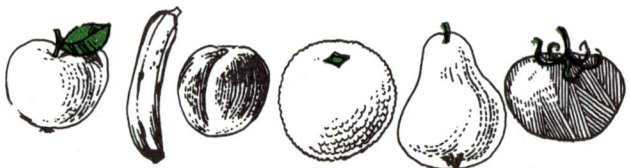

b   Où est le melon? Sur, sous, à droite de, à gauche de, devant, derrière ……

Sur ……

le melon melon
le livre book
le stylo à bille ballpoint
le stylo pen
le crayon pencil
le classeur file

la pomme apple
la poire pear
la banane banana
la tomate tomato
l'orange (f) orange
la pêche peach
la table table
la voiture car

je pense à I'm thinking of
j'ai I have
voilà there is

bien sûr of course
sur on
alors then
ça alors for heaven's sake
voyons come on!
pardon I'm sorry
s'il te plaît please (*to friends*)
sous under
ne … pas not
en promotion special offer
euh er

c   Qui a  ? — Moi, j'ai le stylo.

Qui a ? — ……

d   C'est une pomme?   Non, ce n'est pas une pomme.

une poire?   une orange?

un crayon?   une voiture?

un livre?   un classeur?

un stylo?   une tomate?

e   Write in the negative

Ça coûte vingt francs.
C'est un restaurant?
Anne-Marie porte sa jupe bleue.
Tu préfères les poires?
J'ai ton stylo à bille.
Elle est jolie, Maryse.
J'achète la robe blanche.
Ils sont devant le garage.

f Ta ceinture est rouge!   Oui, et mon pantalon est rouge aussi.

…… …… …… ……

…… …… …… ……

g Voilà Pierre   — Et voilà sa Renault.

Maryse

Anne

Georges

Marianne

Madame Dufour

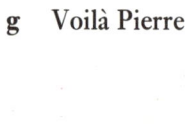     

unit 14

 Who owns this rubbish?

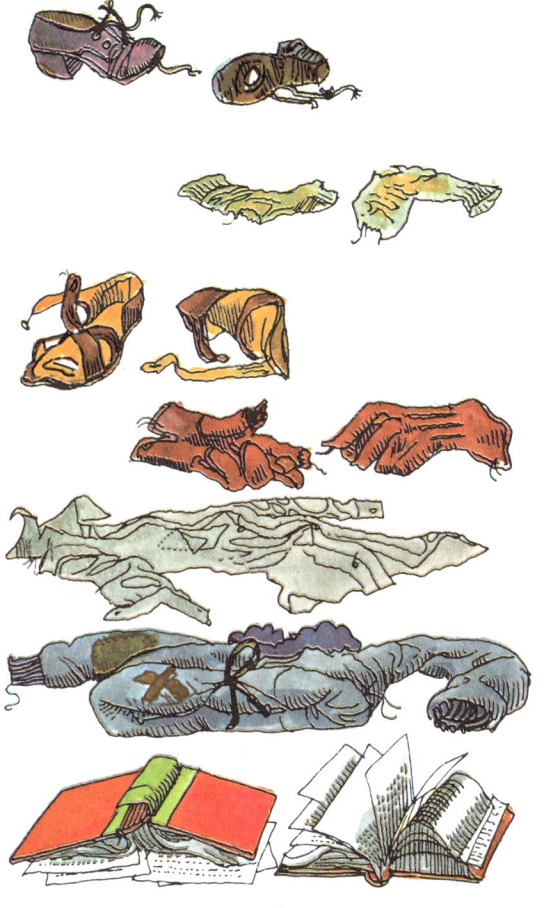

Ce sont tes chaussures?
— Ouf, non! Ce ne sont pas mes chaussures!

tes chaussettes?

tes sandales?

tes gants?

ta chemise?

ton anorak?

tes livres?

 Claudine's a real scruff!

Ce sont les chaussures de Claudine?
les chaussettes
……

— Bien sûr. Ce sont ses chaussures.
……

33

Pierre goes for inexpensive elegance

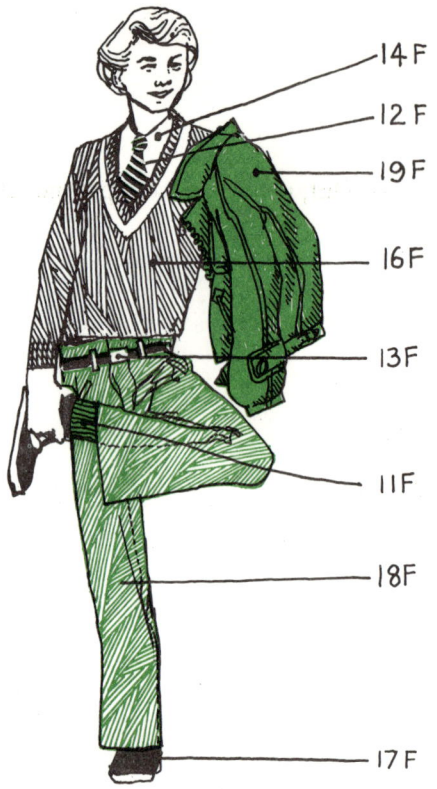

14 F
12 F
19 F
16 F
13 F
11 F
18 F
17 F

Ses ⬛ coûtent onze francs.

Sa ⬛ coûte douze

...... treize

quatorze

seize
dix-sept
dix-huit
dix-neuf

Et son ⬛ coûte quinze centimes!
(Where *did* he get it at that price?)

Devise yes/no questions for your partner

Ses chaussures coûtent vingt francs? — Non, ses chaussures coûtent ......

La Ville de Montreuil

ses remparts   ses églises

ses hôtels   ses parkings

34

unit 15

  — sa boucherie

Monsieur Leblanc

  — sa boulangerie

Madame Margage

  — son garage

Monsieur Bigand

  — son épicerie

Madame Perrez l'épicerie de Mme Perrez

 C'est l'épicerie de Madame Perrez?
 la boucherie ......
 ......

    — Oui, c'est son épicerie
    — Non, ce n'est pas sa ......
         ......

35

Qu'est-ce que tu achètes?

Chez M. Leblanc A la boucherie	tu achètes	de la viande: du porc du bœuf du veau

Chez Mme Margage A la boulangerie	tu achètes	du pain: des baguettes des gros pains des croissants

Chez M. Bigand Au garage	tu achètes	de l'essence ordinaire ou super de l'huile

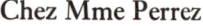

Chez Mme Perrez A l'épicerie	tu achètes	du beurre des œufs de la confiture

Qu'est-ce que tu dis?

Un kilo de porc s'il vous plaît.
500 grammes de veau

Une baguette
Cinq croissants

Pour cinquante francs de super
Un litre d'huile

250 grammes de beurre
Une douzaine d'œufs
Un pot de confiture

 A l'épicerie

— Madame?
    — Un pot de confiture s'il vous plaît. De pêches.
— Oui madame. Et avec ça?
    — 250 grammes de beurre s'il vous plaît. Le beurre à
4 francs 10.
— Voilà madame. C'est tout?
    — Ah non. Une demi-douzaine d'œufs s'il vous plaît.
— Voilà madame.
    — Cette fois c'est tout.
— Très bien. Ça fait quinze francs soixante, madame. Merci.
    — Merci monsieur. Au revoir.
— Au revoir madame!

 Invent similar conversations for the butcher's, the baker's and the garage.

unit 16 revision

Grammar

1. ma chaussure   mes chaussures
   ton livre   tes livres
   son gant   ses gants

   The possessive adjective used with plural nouns is **mes, tes, ses** for both genders. **Ses** means both *his* and *her*.

2. un anorak   ton anorak   tes anoraks
   une église   son église   ses églises

   With nouns beginning with a vowel, **mon, ton, son** are used for both masculine and femine. The plural form is **mes, tes, ses** for both genders.

3. le garage de M. Bigand.
   la boulangerie de Mme Margage

   This use of **de** is the *only* way to express the English construction using *'s* (*Mr Bigand's garage*).

4. du pain   de la confiture   des œufs

   Des followed by a plural noun can mean *some*; similarly **du** and **de la** followed by a singular noun can mean *some*.

5. à la boucherie, à l'épicerie   *but*   au garage, aux garages
   à + le becomes **au**; **à + les** becomes **aux**.
   Compare **du** and **des**.

6. un litre d'huile
   une douzaine d'œufs
   un pot de confiture

   Expressions of quantity are followed by **de** rather than **du, de la** or **des**. **De** becomes **d'** before a vowel.

7. Note the standard abbreviations **M.** and **Mme** for **Monsieur** and **Madame**.

8. c'est ma chemise   ce sont mes chaussures

   Notice the curious plural form **ce sont**.

le porc   pork
le veau   veal
le bœuf   beef
le pain   bread
le croissant   croissant-roll
le gros pain   large loaf
le beurre   butter
l'œuf (m)   egg
le litre   litre
le gramme   gram
le kilo   kilogram
le pot   pot
le centime   centime
le rempart   rampart
le parking   car park

la viande   meat
la baguette   long thin loaf
l'huile (f)   oil
l'essence (f)   petrol
la confiture   jam
la confiture de pêches   peach jam
l'église (f)   church
la ville   town
la douzaine   dozen
la demi-douzaine   half dozen

onze   eleven
douze   twelve
treize   thirteen
quatorze   fourteen
quinze   fifteen
seize   sixteen
dix-sept   seventeen
dix-huit   eighteen
dix-neuf   nineteen

chez   at ……'s
à   at
avec   with
ouf!   phew!
très bien   right
ça fait   that makes
ordinaire   regular
super   super
cette fois   this time

a Put into the plural

mon croissant
ta baguette
sa pomme
ton stylo à bille
ma banane

son œuf
ta voiture
mon crayon
ton orange
son livre

b Put into the singular

des baguettes
des églises
les litres
les pots
des œufs

les centimes
des villes
des douzaines
des grammes
les gros pains

c Put **mon**, **ma** or **mes** instead of **un**, **une** or **des**

une table
un classeur
des pêches
un slip
un anorak

un hôtel
une épicerie
des oranges
une rue
un collant

d Tu portes ton manteau marron?
—Mais oui, je porte mon manteau marron!

Tu achètes sa voiture?
—Mais oui, j' ……

Tu préfères ton livre?
Tu penses à ma robe verte?
Tu portes tes sandales blanches?
Tu achètes ma Renault?
Tu préfères ses chaussettes oranges?
Tu penses à mes chaussures noires?

e Answer '*yes*' and say how much of each

De l'huile, monsieur?
—Oui, un litre d'huile.

De l'essence, monsieur?
Du beurre, monsieur?
Des œufs, monsieur?
Du porc, monsieur?
De la confiture de pêches, monsieur?
Du veau, monsieur?

f Write out a shopping list of ten items. Then buy them from your partner, who keeps this **alimentation générale** (general food shop). He or she should write them down as you ask for them, write down and tell you the price he is charging for each, add up the bill and tell you what it comes to. All in French, of course!

g A gauche de . . . à droite de . . .

Où est l'épicerie?
— A droite……

Où est le melon?

Où est la baguette?

Où sont les œufs?

Où est le garage?

Où sont les pommes?

Où sont les tomates?

unit 17

 All my worldly goods ……

Voilà ma voiture.
— Pardon, c'est notre voiture.

Dans mon garage.
— Pardon, c'est notre ……

Près de mon restaurant.
— ……

Où je mange ma viande.
Et mon pain.
A ma table.
Dans ma rue.
Dans ma ville.
…… Oui, chérie, c'est ça le mariage!

 I've got much better taste than Yvette
(even though she is my best friend)

C'est votre …… ?   — Ouf non, c'est la …… d'Yvette.

Ready for the picnic

Toi, tu as les tomates, n'est-ce pas?   — Oui, j'ai les tomates.

Et tu as le pain?   — Oui, j'ai le pain.

Et ……      — Oui ……

   — Oui ……

   — Oui ……

   — Oui …… Et toi, tu as la voiture?

Ah non! Elle est toujours dans le garage!

Vous avez combien?

 J'ai      — J'ai dix francs soixante-dix.

 Tu as

 Pierre a

 Ma femme et moi, nous avons

 Vous avez

Ils ont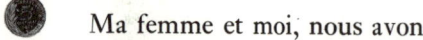

Jean-Pierre and Yves are going to be late for work again

Ils ont perdu leurs ……

Et non seulement ça! Ils ont perdu ……

……

Objets trouvés

— Qu'est-ce que vous avez perdu, madame?
— C'est les garçons. Ils ont perdu leurs ……

— Vous avez trouvé nos ……
— Oui, nous avons } trouvé vos ……!
— Non, nous n'avons pas

unit 18

Il est une heure du matin.  Il est tard!

C'est une carte d'identité française.

C'est un sac, un gros sac.

C'est une laverie automatique. Je fais la lessive à la laverie. Et toi? Et ta mère?

Ouvrez le livre s'il vous plaît!  J'ouvre le livre.

Le livre est ouvert.

 Night encounter

First policeman: Monsieur. Madame. Il est tard. Une heure du matin. Vous avez vos cartes d'identité?
Woman: Oui oui oui . . . c'est-à-dire . . . non.
First policeman: Ah. Non? Et vous, monsieur?
Man: Euh . . . non. J'ai perdu ma carte d'identité.

44

First policeman:	Vous avez perdu votre carte d'identité! Ça alors! Il a perdu sa carte d'identité...
Second policeman:	Tiens. Ils n'ont pas leurs cartes d'identité. Tiens.
Woman:	Ah, pardon. J'ai trouvé ma carte. Voilà! Dans ma poche.
Second policeman (looks at it):	Bon. Et vous, monsieur, vous avez perdu votre carte d'identité. Bon. Et le gros sac là. Qu'est-ce que vous avez dans le sac?
Man:	Dans le sac?
Second policeman:	Oui, dans le sac. Vous avez quelque chose dans votre sac!
Man:	Ah non. C'est-à-dire, oui. Oui, nous avons quelque chose dans le sac.
Second policeman:	Alors, qu'est-ce que c'est?
Woman:	C'est notre lessive!
Second policeman:	Votre lessive! Ah tiens, c'est leur lessive! A une heure du matin, ils font leur lessive!
Woman:	Oui, à la laverie automatique. Elle est ouverte la nuit...
First policeman:	Ouvrez!
Man:	Notre sac?
First policeman:	Votre sac!
Man:	Eh bien, voilà. Mon pull sale. Nos chemises sales. Deux paires de chaussettes très sales!
First policeman:	Brr! Assez, assez!
Man:	Mon anorak sale... ah, tiens!
First policeman:	Qu'est-ce que c'est?
Man:	Voilà. Dans l'anorak! Dans la poche!— J'ai trouvé ma carte d'identité!

tiens! well
ils font they're doing
c'est-à-dire that's to say
la nuit (at) night
sale dirty
assez enough
la poche pocket

Why do the police stop the couple?
What do they ask for first?
Why can the woman not produce this?
Why can the man not produce his?
Who finds his/hers first?
What do the police ask the couple to open?
What do the couple say is in it?
What do they say they intend to do with this?
Do the police believe them? What *is* in it?
What does the man then find? Where?

You are one of the policemen. Write a full account (in English) of what occurred.

Sold out of everything

Vous avez des  ?

— Je regrette, madame. Nous n'avons pas de ……

 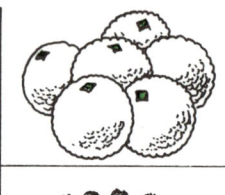 

The memory game
— clothes and colours

Build up a monster sentence round the class:

a Je porte une veste noire.
b Nous portons une veste noire et un pantalon gris.
c Nous portons une veste noire et un pantalon gris et……

Each person adds something he or she is wearing (with its colour) and says the whole sentence without forgetting anything. See how far you get!

 Contradict your first answer

Vous avez perdu votre carte d'identité?
— Ah oui— c'est-à-dire, non!

Vous préférez la Renault?
— Ah non—……

La laverie est ouverte la nuit?
Vous avez votre manteau?
Tu as trouvé ton anorak?
Vous avez vingt francs?
Ils font leur lessive?
Tu as quelque chose dans le sac?

46

Dozy Marie has forgotten her shopping list again

Vous achetez des croissants?

— Non, nous n'achetons pas de …… aujourd'hui.

   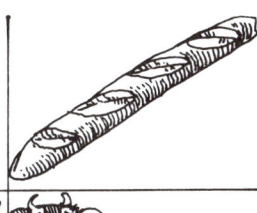

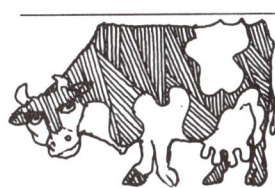 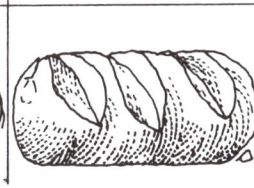  

 Pair bingo

1. One member of each pair (A) writes down secretly six numbers he knows in French between 1 and 20.
2. The other member of the pair (B) writes down numbers in French and says them as he does so…
    «Le vingt … le trois … le deux …»
3. A crosses out any number that corresponds to one of his six. He says …
    «J'ai le vingt … j'ai le trois …»
    … if he has it.
4. When B has got all six numbers he shouts …
    «Nous avons gagné!»
    … and the game stops. Numbers are checked in French, and if all six are correct this pair has won.
5. The game is played again, but this time the other member of each pair (B) chooses six numbers.

unit 19 revision

Grammar

1. **porter** *to wear*

je **porte**	nous **portons**
tu **portes**	vous **portez**
il, elle **porte**	ils, elles **portent**

   This is the pattern of most French verbs in the present tense.

2. j'ai perdu
   vous avez trouvé
   nous avons gagné

   The perfect tense is formed in French exactly as in English: **j'ai** (*I have*) etc. plus the past participle of the verb, **perdu, trouvé, gagné** (*lost, found, won*) etc. Verbs like **porter**, whose infinitives end in **-er**, have past participles that end in **-é**.

3. **avoir** *to have*

j'**ai**	nous **avons**
tu **as**	vous **avez**
il, elle **a**	ils, elles **ont**

   The present tense of **avoir** is very important, since amongst other things it is used to form the perfect of other verbs.

4. There are two forms of *you* in the singular in French—**tu** and **vous**. **Tu** (and related forms like **toi, ton, ta**) is used to close friends (and children, classmates and animals). **Vous** (and related forms) is more formal and polite. Always use **vous** to strangers. In the plural **vous** is always used whether the people involved are friends or not.

5. notre stylo   nos chemises
   votre carte d'identité vos livres
   leur lessive   leurs sacs

   These are the possessive adjectives corresponding to **nous**, **vous** and **ils/elles**. They are the same for both genders.

le sac bag
l'objet (m) object
le garçon boy
le supermarché supermarket
le mariage marriage

la carte d'identité identity card
la laverie automatique launderette
la lessive washing
la mère mother
la nuit (at) night
la paire pair
la poche pocket
la veste jacket

je fais I do
ils font they do
je regrette I'm sorry
manger eat
perdu lost
trouvé found
gagné won

gris grey
chéri darling
gros big
ouvert open
sale dirty
français French

seulement only
tard late
assez enough
aujourd'hui today
toujours still
du matin a.m.
là there
tiens! well, well!
eh bien well then
une heure one o'clock
c'est-à-dire that's to say; that is

48

6 ce ne sont pas des poires   (... *not pears*)
nous n'avons pas de poires   (... *no pears*)

Ne ... pas followed by **du/de la/des** or by **un/une** means *not*. **Ne ... pas** followed by **de** alone means *not any* or *no*. Compare the two examples above.

a Add the correct form of **porter**

Anne-Marie ...... une jupe blanche.
Vous ...... vos sandales?
Tu ne ......pas ta robe jaune?
Il ...... un beau pull.
Nous ne ...... pas de cravates.
Jean et François ...... des anoraks.
Je ne ...... pas de pyjama.
Pierre et moi, nous ...... des chaussures marron.

b Complete

J'ai   mon stylo à bille.
Tu ......   t ...... carte d'identité.
Il .... livres.
Elle .... sac.
Nous n' ...... pas ...... voitures.
Vous .... pain?
Ils .... classeurs.
Elles .... essence?

c Put into the perfect

Je trouve ton stylo!
— J'ai ......

Nous perdons les œufs!
Tu gagnes?
Vous perdez votre ceinture!
Elle trouve Jean-Claude très beau.
Ils gagnent 200 francs.

d Put into the negative
(check Grammar Note 6 above first)

C'est une Peugeot.
— Ce n'est pas ......

J'ai une voiture.
Elle porte des gants.
Je suis un garçon.
Vous achetez de la viande?
Ça coûte un franc.
Jean a un crayon.
C'est du beurre!

e Add the correct form, **vous**, **tu** or **te**, plus the verb where indicated

Bonjour madame, une baguette s'il ...... plaît.
Papa, ... ma cravate? (avoir)
Monsieur! ...... perdu un gant! (avoir)
Yvonne et toi, ... des chaussures? (acheter)
Le pain, s'il ...... plaît, chérie.
...... des œufs, mademoiselle? (manger)
...... des croissants aujourd'hui, monsieur? (avoir)
Pierre, ... mon stylo à bille! (avoir)
...... ne ...... pas ta robe bleue! (porter)
Qu'est-ce que ......, monsieur? (préférer)

unit 20

Il est...   heureux   triste   laid   beau   jeune   vieux

Elle est...   heureuse   triste   laide   belle   jeune   vieille

Et toi, tu es ......?

— Oui, je suis......
— Non, je ne suis pas......

Oui, tu es......
Si, tu es......
Non, tu n'es pas......

 Jean-Pierre et moi...

Think of a shop or similar place where you and Jean-Pierre are. This is then to be guessed:

— Vous êtes au supermarché?
           au café?
           à l'église?
           ......

— Non, nous ne sommes pas au supermarché
— Oui, nous sommes ......

Descriptions

Jacques est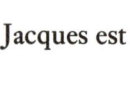

Je ......

Ma femme ......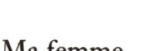

Tu ...... très

Pauline et moi, nous ......

Il ......

......-tu   ?

Vous ......

Elles ......

Nous ne ...... pas

Look what I've found

Both members of each pair assemble personal objects whose French names are known (e.g. **un livre, un stylo, un stylo à bille, un crayon, un classeur** . . .). Keep to masculine—most personal objects are, in fact. Mix them and then sort out their ownership:

—Tiens, j'ai trouvé un ...... C'est votre ......, monsieur?
    — Oui merci, vous avez trouvé mon ......
    — Non, ce n'est pas mon ......

Pretend you're strangers and keep to the **vous** form in this exercise.

Complétez la table

	vingt	trente	quarante	cinquante	soixante
1	vingt et un	trente et un			
2	vingt-deux	trente-deux			
3	vingt-trois				
4	vingt-quatre				
5	vingt-cinq				
6	vingt-six				
7	vingt-sept				
8	vingt-huit				
9	vingt-neuf				

 Pair bingo

Play bingo as before, but limit yourself to numbers between 20 and 69.

unit 21

 Time to get a new watch!

—Quelle heure est-il?
—Tu as perdu ta montre?
—Non. Mais elle ne marche pas. Quelle heure est-il?
—Mais regarde donc!—il est une heure!

—Quelle heure est-il?
—Ta montre ne marche toujours pas?
—Non, elle ne marche pas
—Alors, voilà l'église. Regarde—il est une heure et quart!

—Quelle heure est-il?
—Mais ça alors! Achète une montre!
—J'ai une belle montre, mais elle ne marche pas. Comme tu sais.
—Eh bien, regarde l'horloge de l'hôtel de ville—il est une heure et demie!

—Quelle heure est-il?
—Ah ça, non!
—Il est deux heures moins le quart?
—Je ne sais pas.
—Regarde ta montre!
—Non!
—Voyons . . . !

—Eh bien . . . il est . . . ah, ça alors!
—Quelle heure est-il donc?
—Je ne sais pas. J'ai perdu ma montre!

la montre watch
comme as
l'horloge (f) clock (public)
l'hôtel de ville (m) town hall
marcher go
regarder look at
savoir (je, tu sais) know
donc then; for heaven's sake

Voilà une horloge

Voilà une pendule

 Quelle heure est-il?

Il est	une	heure	et quart
			et demie
	deux	heures	moins le quart
	trois		
	quatre		
	……		

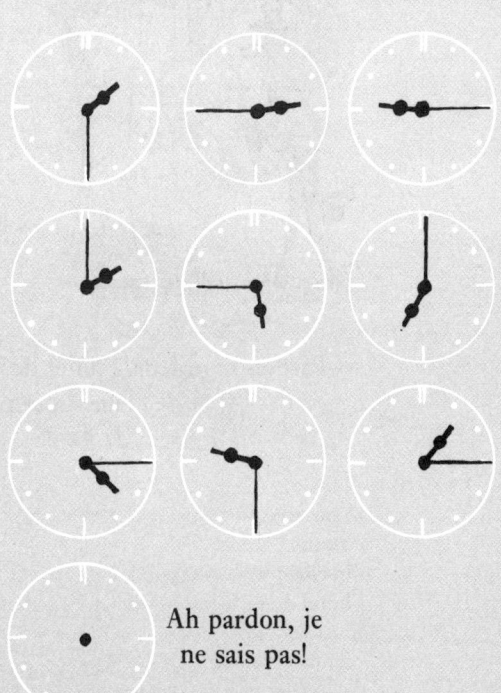

Ah pardon, je ne sais pas!

53

A stranger in town

premier (f: première)
deuxième
troisième
quatrième
cinquième
……

— Pardon monsieur, l'hôtel de ville s'il vous plaît?
        un supermarché
        la gare
        ……

— Prenez la première rue à gauche, monsieur, et puis la troisième rue à droite.
……

And now just to make sure, go to the other human being standing by the garage and ask *him*.

unit 22

 Fed up before the holiday starts

Papa, nous partons à quelle heure?
......
Et nous prenons le petit déjeuner à huit heures?
......
Et nous déjeunons où?
......
Dans un restaurant?
......
Avec du vin?
......
Et nous arrivons à Cannes avant le goûter?
......
Nous prenons le goûter dans l'appartement, n'est-ce pas?
......
Nous dînons vers huit heures?
......
Et encore avec du vin?
......
Ça alors, nous avons beaucoup mangé et bu aujourd'hui!

nous partons we're leaving
après after

nous prenons we're taking, having
le petit déjeuner breakfast
maintenant now
déjeuner have lunch
midi 12 o'clock (noon)

le vin wine

arriver arrive
avant before
le goûter tea
vers towards; at about
l'appartement (m) flat
dîner have dinner

encore again

bu drunk

Listen to father's answers carefully and then answer these questions in English:

At what time are the family leaving?
How long does that give them for breakfast?
Where and when are they having lunch?
At what time is tea?
Where and when are they having dinner?
With what meals will there be wine?

Write out the children's questions in French in your book leaving gaps for father's answers.
Listen to each question and answer from the dialogue three times and then write down father's answer, in French.
Listen to the whole conversation through again and check your answers.
Turn over this page and correct from the full text overleaf.

Papa, nous partons à quelle heure?
— Après le petit déjeuner, à huit heures et demie.
Et nous prenons le petit déjeuner à huit heures?
— Mais non, maintenant. A sept heures et demie.
Et nous déjeunons où?
— A Gap, à midi.
Dans un restaurant?
— Bien sûr dans un restaurant.
Avec du vin?
— Oui oui, avec du vin.
Et nous arrivons à Cannes avant le goûter?
— Oui oui, nous arrivons à Cannes vers quatre heures et demie.
Nous prenons le goûter dans l'appartement, n'est-ce pas?
— Oui oui, et nous dînons dans l'appartement aussi.
Nous dînons vers huit heures?
— Mais oui, vers huit heures.
Et encore avec du vin?
— Oui, avec du vin.
Ça alors, nous avons beaucoup mangé et bu aujourd'hui!

1 septembre

Pet. déj.   7.30
Partons   8.30
Déj. (gap)   12.00
                16.30
Cannes
Dînons (appt.) vers 20 hrs.

2 septembre

Use these notes from father's diary to give a full account of the day in continuous French. Start:

Nous prenons le petit déjeuner à ......

Pardon, madame, vous avez l'heure?

— Ah oui, il est deux heures quatre.

Regular as clockwork

A quelle heure tu prends le petit déjeuner?   — Je prends ......
                tu pars pour l'école?   — Je pars ......
                tu arrives à l'école?
                tu arrives dans la salle de classe?
                tu déjeunes?
                tu pars pour la maison?
                tu arrives à la maison?
                tu prends le goûter?
                tu regardes la télévision?

 A la Gare de l'Est

Il est midi moins vingt-cinq.
Jean et Marie prennent le train de  Ils partent dans ...... minutes.

| DÉPARTS DES CARS ||
vers **Dijon**	vers **Paris**
00.10	06.05
07.30	08.28
10.23	11.59
13.45	12.30
15.15	14.30
19.03	18.42
21.10	20.51

Write your answers

Il est midi.	Le prochain car pour Paris part à quelle heure?
— Il part à midi et demi.

Il est midi dix.	Le prochain car pour Dijon part à quelle heure?
    sept heures vingt du matin	Dijon
    sept heures vingt du soir	Paris
    une heure de l'après-midi	Dijon

Il est neuf heures du soir.	Vous prenez quel car pour Dijon?
— Je prends le car de neuf heures dix.

Il est midi et quart.	Vous prenez quel car pour Paris?
    minuit moins dix	Dijon
    huit heures moins vingt du matin	Paris
    minuit moins dix	Paris

Il est trois heures de l'après-midi.	Le prochain car pour Dijon part dans combien de minutes? — Dans quinze minutes.

Il est midi cinq.	Le prochain car pour Paris part dans combien de minutes?

    cinq heures vingt du matin	Paris
    minuit moins le quart	Dijon
    huit heures moins une du soir	Paris

Il est minuit huit.	Pierre prend le car pour Dijon dans combien de minutes? — Dans deux minutes.

Il est six heures dix du soir.	Pierre prend le car pour Paris dans combien de minutes?

    six heures dix du soir	Dijon
    dix heures moins cinq du matin	Dijon
    neuf heures moins dix-huit du soir	Paris

unit 23 revision

Grammar

1. **être**—*to be*

je **suis**	nous **sommes**
tu **es**	vous **êtes**
il, elle **est**	ils, elles **sont**

   This is the commonest of all French irregular verbs.

2. **partir**—*to depart; leave*   **prendre**—*to take*

je **pars**	je **prends**
tu **pars**	tu **prends**
il **part**	il **prend**
nous **partons**	nous **prenons**
vous **partez**	vous **prenez**
ils **partent**	ils **prennent**

   Two more irregular verbs. Several other common verbs we shall meet follow the **partir** pattern in their present tense. With **prendre** note especially the pronunciation and spelling of ils **prennent**.

3. Time:

   Quelle heure est-il?

   Il est   une heure   du matin   (= a.m.)
            une heure dix   de l'après-midi ⎫
            une heure et quart   du soir   ⎬ (= p.m.)
            une heure et demie   ⎭
            deux heures moins vingt-cinq
            deux heures moins le quart

   Il est   midi   dix
            minuit   et quart
                     et demi (N.B. no -e)
                     moins le quart

   Official timetables use the twenty-four hour clock:
   1.35 p.m. = 13.35 = treize heures trente-cinq

4. tu regardes   vous regardez
   regarde ta montre!   regardez votre montre!

   No **-s** on the **tu** form of the command with regular verbs of the **porter** type.

---

le **quart** quarter
l'**hôtel de ville** (m) town hall
le **petit déjeuner** breakfast
le **goûter** tea
le **vin** wine
l'**appartement** (m) flat
le **départ** departure
le **car** (= l'**autocar**) coach
l'**est** (m) east
le **train** train
papa father; dad
le **matin** morning
l'**après-midi** (m or f) afternoon
la **pendule** clock (*in house*)
l'**horloge** (f) clock (*public*)
la **montre** watch
la **demie** half hour
la **gare** station
la **gare routière** bus/coach station
l'**école** school
la **salle de classe** classroom
la **maison** house
la **télévision** television
la **minute** minute

déjeuner have lunch
dîner have dinner
marcher go
regarder look (at)
savoir (je, tu **sais**) know
arriver arrive
boire (j'**ai bu**) drink
compléter complete

pardon excuse me
après after
avant before
encore again

si yes; of course
midi 12 noon
minuit 12 midnight
quel (f: **quelle**) what
comme as
moins less
puis then
maintenant now

59

5 First, second, third etc. (the ordinal numbers):

deuxième   troisième   vingt et unième
-ième is added to the number.

quatrième   onzième   douzième
If the number ends in **-e** this is dropped.

premier (f: **première**)   **cinquième**   **neuvième**
(similarly **vingt-cinquième, vingt-neuvième** etc.)
These three are irregular.

6 Je ne suis pas belle. —Si, tu es belle!

Si is used instead of **oui** to contradict a negative statement or question. It often corresponds to *of course* in English.

vers towards; at about
prochain next
heureux (f: **-se**) happy
triste sad
laid ugly
beau (f: **belle**) handsome; beautiful
jeune young
vieux (f: **vieille**) old
donc then; for heaven's sake
vingt et un twenty-one
vingt-deux etc. twenty-two etc.

a Qui est à la boulangerie? Maurice?
— Oui, il est là.

Qui est au café? Toi?
— Oui, ...

Qui est au garage? Jean et Pierre?

Qui est au restaurant? Claude et toi?

Qui est à l'épicerie? Yves?

Qui est devant le tabac? Anne-Marie? Et avec Paul?

Qui est belle? Moi?

b Monsieur Leblanc est très heureux.
— Oui, et Madame Leblanc est très heureuse.

Monsieur Margage est toujours triste.
Monsieur Bigaud est très laid.
Monsieur Barré est beau, n'est-ce pas?
Monsieur Butor est trop jeune.
Monsieur Perrez est trop vieux.

d The sign ° or ᵉ indicates the ordinal in French (e.g. 7° or 7ᵉ = **septième**). Write in full

Le 3° hôtel
Le 4ᵉ garage
La 2° école
La 1° boulangerie
Le 9ᵉ train
Le 1° supermarché
La 21ᵉ minute
La 19° maison
La 12ᵉ voiture
Le 5° car

c Write in full, using the twelve-hour clock

1.15	12.10 a.m.	3.45	11.45 a.m.
2.30	12.30 a.m.	7.10	8 a.m.
8.37	1 p.m.	12 noon	9 p.m.

e Rewrite with the parts of the sentence underlined in the plural

<u>Je pars</u> à midi.
<u>Il prend</u> le train de deux heures dix.
<u>Tu pars</u> pour Marseille?
<u>Je prends</u> le petit déjeuner à la maison.
<u>Tu prends</u> le sac?
<u>Elle part</u> vers huit heures et demie.

Rewrite with the parts of the sentence underlined in the singular

<u>Nous partons</u> dans quinze minutes.
<u>Les cars partent</u> pour Châteauroux.
<u>Elles prennent</u> la Citroën.
<u>Vous partez</u> aujourd'hui?
<u>Nous prenons</u> du vin blanc.
<u>Ils prennent</u> quel car?

f Write in the familiar (**tu**) form

Vous portez votre anorak rouge.
Regardez votre jupe!
Vous pensez à mon train, n'est-ce pas?
Vous déjeunez à midi?
Pensez à papa!

Mangez votre petit déjeuner!
Vous partez vers midi.
Vous arrivez à la maison à minuit!
Trouvez votre carte d'identité!
Portez votre manteau, s'il vous plaît.

g Answer using **oui** or **si**

Tu as gagné?
— Oui, j'ai ……

Vous portez un blue-jean?
Il ne fait pas sa lessive!
Elle est belle!
Il a perdu dix francs?
Tu n'achètes pas ça!

unit 24

Quel âge as-tu?

J'ai dix-sept ans.
quinze
……

| Quel âge | a-t-il?
a-t-elle? | | Il
Elle | a | dix-neuf ans
vingt
seize
…… |

The difficult numbers: 70–99

soixante-dix	70
soixante et onze	71
soixante-douze	72
soixante-treize	73
……	……
quatre-vingts	80
quatre-vingt-un	81
quatre-vingt-deux	82
……	……
quatre-vingt-dix	90
quatre-vingt-onze	91
quatre-vingt-douze	92
……	……

We had a bad first half

Ils ont marqué
  un but à la 1° minute!

Et ils ...... 5°
Et ...... 12°
...... 17°
22°
39°
40°
41°
44°

But we did better in the second!

Nous avons marqué
  un but à la 48° minute!

Et nous ...... 53°
Et ...... 66°
...... 70°
71°
79°
80°
82°
89°
90°

Et nous avons gagné le match!

 Bon anniversaire!

Gustave: C'est mon anniversaire aujourd'hui.
Adolphe: Vraiment, Gustave? Bon anniversaire! Alors, je t'offre encore un verre de vin rouge! Quel âge as-tu?
Gustave: Oh, je suis vieux. J'ai soixante-dix ans.
Adolphe: Soixante-dix? Seulement? Ça, ce n'est pas vieux! Tu es encore un bébé.
Gustave: Un bébé? Et toi—quel âge as-tu alors?
Adolphe: Soixante-dix-huit! J'ai soixante-dix-huit ans! Mon anniversaire, c'est samedi prochain.
Gustave: Soixante-dix-huit ans! Tiens, ce n'est pas possible!

l'anniversaire (m) birthday

offrir (j'offre) offer; stand (a drink)
encore un another
le verre glass

encore still
le bébé baby

samedi Saturday

Adolphe:	Hé, Eustache! Sais-tu, c'est aujourd'hui l'anniversaire de Gustave!
Eustache:	Vraiment? Quel âge a-t-il? Quatre-vingts?
Adolphe:	Non, seulement soixante-dix ans.
Eustache:	Ça alors, c'est un bébé!
Adolphe:	Alors, quel âge as-tu, Eustache?
Eustache:	Quatre-vingt-onze, Adolphe. Quatre-vingt-onze ans!
Adolphe:	Vraiment?
Eustache:	Oui, vraiment.
Adolphe:	Alors, je t'offre un verre de vin rouge aussi, Eustache! Quatre-vingt-onze ans!
Eustache:	Ah non, merci. Il est midi—je rentre à la maison.
Adolphe:	Tu ne manges pas au restaurant aujourd'hui, Eustache?
Eustache:	Non, pas aujourd'hui. Ma mère prépare mon déjeuner à la maison.

rentrer go back (home)

la mère mother
préparer prepare

 They're all older than they look!

Quel âge a-t-il?

Soixante?    Non, il a ……   Quatre-vingt-un?

Soixante-deux?    Non,……   Soixante et onze?

Quatre-vingts?    Quatre-vingt-douze?

Soixante-dix?    Soixante-neuf?

Soixante-dix-neuf?    Quatre-vingt-dix-sept?

 Pair bingo

Play pair bingo following the instructions on page 47, but using only the numbers 70–99.

64

unit 25

Quel temps fait-il?

En janvier
il neige.

En février
il fait mauvais.

En mars
il fait du vent.

En avril
il pleut.

En mai
il fait beau.

En juin
il fait très beau.

En juillet
il fait du soleil.

En août
il fait chaud.

En septembre
il fait de l'orage.

En octobre
il fait froid.

En novembre
il fait du brouillard.

En décembre
il gèle.

Birthdays

le trois décembre
le dix-huit mai
le premier (N.B.) octobre ......

Everyone gets thirty seconds to work out his birthday in French. Then one person rapidly volunteers dates (e.g. le trois décembre, etc.) until he by chance hits on the birthday of someone else in the class. That person says loudly 'Le trois décembre'—or whatever—'c'est mon anniversaire'. He then takes over and continues to volunteer dates until *he* hits on someone's birthday. And so on. The faster the better.

Making and doing—the verb 'faire'

Je fais le plein?   Tu fais du cent à l'heure!   Ça fait quinze francs.

Nous faisons notre lessive.   Vous faites du pain?   Deux fois trois font six.

 Questions
Use **Est-ce que** to repeat these questions, and then answer them:

Je fais votre lessive?   Tu fais du pain?
Est-ce que je fais votre lessive?   Est-ce que tu ......
Oui, vous faites ma lessive!   Oui, je ......   Je fais du cent à l'heure?

Ça fait quatre-vingts francs?   Neuf fois huit font soixante-douze?   Vous faites le plein?!

Les jours de la semaine

dimanche
lundi
mardi
mercredi
jeudi
vendredi
samedi

Et l'année? Dix-neuf cent ……

C'est quel jour de la semaine?
le treize — C'est samedi.
le trente et un — ……
le onze
le premier
le vingt-trois
le sept
le dix-neuf

 Quelle est la date?

10.12.85	29.3.99
9.7.77	28.2.80
1.1.81	2.4.70
22.11.71	11.6.78
5.8.91	21.5.90

 En été, en automne, en hiver, au printemps

Tu portes un bikini en hiver? Non, mais en été.
un anorak en automne? Oui, en ……
un manteau au printemps?
des gants en été?
……

 Quel temps fait-il?

— Il……

Quel mois sommes-nous?

— Nous sommes en ……

unit 26 revision

Grammar

1. Days, months, seasons, date:

dimanche	janvier	été
lundi	février	automne
mardi	mars	hiver
mercredi	avril	printemps
jeudi	mai	
vendredi	juin	
samedi	juillet	
	août	
	septembre	
	octobre	
	novembre	
	décembre	

Days, months and seasons are spelled with a small letter. They are all masculine.

c'est dimanche   en janvier
en été (but **au printemps**)

Usually no article with days; *in* with months and seasons (except spring) is **en**.

le premier mai dix-neuf cent quatre-vingt-un
le deux septembre dix-huit cents

Note **le premier**. There is no **-s** on **cent** or on **vingt** if they are followed by another number.

2. Questions

The most common form of the question is the simple statement with a rising inflexion of the voice:

Tu pars.   Tu pars?

This has now also become normal in spoken French after a question word or phrase:

A quelle heure tu pars?

If the subject is a pronoun, other than **je**, subject and verb may be inverted, with a hyphen, to form the question:

Pars-tu?   A quelle heure pars-tu?

If this would bring two vowels together an extra **t** is added:

porte-t-il?   a-t-elle?

---

l'âge (m) age
l'anniversaire (m) birthday
le verre glass
le bébé baby
le temps weather
le vent wind
l'orage (m) storm
le bikini bikini
l'an (m) year (*when counting*)
le match match
le soleil sun
le nuage cloud
le brouillard fog
le jour day
le mois month

l'année (f) year
la mère mother
la date date
la semaine week

pleuvoir (il pleut) rain
neiger snow
geler (il gèle) freeze
marquer un but score a goal
offrir (j'offre) offer; stand (*drink*)
rentrer go back (home)
préparer prepare
faire le plein fill up

soixante-dix seventy
soixante et onze seventy-one
soixante-douze seventy-two
quatre-vingts eighty
quatre-vingt-un eighty-one
quatre-vingt-dix ninety
quatre-vingt-onze ninety-one

vraiment really
encore still
encore un another
seulement only
en in (*with months, seasons*)
mauvais bad
beau fine
chaud hot
froid cold
fois 'times'

A third way to form a question is to use **est-ce que** (**est-ce qu'** before a vowel):

Est-ce que tu pars?
A quelle heure est-ce que tu pars?

3   **faire**—*to make; to do*

je **fais**	nous **faisons**
tu **fais**	vous **faites**
il **fait**	ils **font**

Note the ending of the **vous** form.

Faire is used with a number of special meanings. The commonest of these is in weather constructions:

il fait beau   il fait du soleil   etc.

4   Quel âge as-tu? J'ai seize ans.

Avoir is always used with ages.

a   Dimanche est le premier jour de la semaine.

   Quel est le troisième?
            le septième?
            le deuxième?
            le cinquième?
            le quatrième?
            le sixième?

b   Quand fait-il froid?   — En octobre
       fait-il du brouillard?   — En ……
       fait-il chaud?
       fait-il du vent?
       fait-il mauvais?
       fait-il du soleil?
       fait-il de l'orage?

c   Quelle est:

   La date de ton anniversaire.
   La date de l'anniversaire de ta mère.
   La date aujourd'hui.
   La date du jour national de la France.
   La date des vacances.
   La date de l'anniversaire de ton professeur.
   (Ask him, in French, suggesting possibilities.)

d   Formez des questions avec inversion

   Il fait froid.—Fait-il froid?
   Tu as ma montre.
   Il est sur la table.
   Elle a dix-huit ans.
   Vous partez aujourd'hui.
   Ils sont heureux.

   avec **est-ce que**

   Pierre a quatre-vingts ans.
   Il pleut.
   Papa fait du cent à l'heure.
   Anne est là.
   Tu regardes la télévision.

e   Quel âge a-t-il?

Il a quarante ans

f   Complétez

Je ……

Nous ……

Vous ……

Il ……

Tu ……

Sept fois onze ……

70

g

Où es-tu?
Qu'est-ce que tu achètes?

Où es-tu?
Qu'est-ce que tu achètes?
Qu'est-ce que tu dis?

Où es-tu?
Qu'est-ce que tu achètes?

Pardon, mademoiselle, où est la gare?
……
Ah merci. Et la forêt?
……

Où est la pharmacie?
Où est le café?
Où est la Renault?

Qu'est-ce que tu achètes là?
Et aussi?

71

unit 27

Je vais à la boulangerie
           boucherie
           épicerie

Qu'est-ce que tu vas acheter?
Je vais acheter ……

Papa va au garage
          café
          supermarché
          restaurant

Qu'est-ce qu'il va faire?
Il va ……

 It's those cops again!

— Bonjour monsieur. Qu'est-ce que vous allez faire?
— Je vais stationner ici.
— Je regrette, monsieur. Il est interdit de stationner de ce côté de la rue. C'est de l'autre côté, le stationnement.
— Mais il n'y a pas de place de l'autre côté de la rue!
— Oui, c'est vrai.
— Alors je vais aller un peu plus loin. Là, il y a de la place.
— Oui monsieur, mais je regrette—elle est réservée aux poids lourds.
— Eh bien, je vais stationner sur le trottoir.
— Ah, je regrette beaucoup, monsieur—les trottoirs sont interdits aux voitures.
— Ça alors! Eh bien, il y a un parking quelque part?
— Oui monsieur, il y a un parking. Vous prenez la première rue à gauche.
— Bon alors.
— Mais je regrette, monsieur—c'est samedi matin. Samedi matin le parking est toujours plein.
— Mais c'est ridicule! Je vais faire demi-tour et rentrer à la maison.

stationner park
ici here
interdit forbidden
le côté side
de ce côté on this side
autre other
le stationnement parking
il y a there is
la place room; place
vrai true
un peu a bit
plus loin further (on)
réservé à reserved for
le poids lourd (heavy) lorry
le trottoir pavement
le parking car park
quelque part somewhere

plein full
ridicule ridiculous
faire demi-tour turn round

— Ah, je regrette, monsieur. Ça, c'est impossible aussi.
— Mais pourquoi?
— Vous êtes dans une rue à sens unique!

pourquoi why
à sens unique one-way

You were the person in the car. Tell the story of what happened to you, concisely, in English.

 Making a shopping list

Qu'est-ce qu'il y a dans le frigo?
Il y a du fromage?
— Non, il n'y a pas de fromage.

    du veau?
    du beurre?
    des tomates?
    du melon?

    du porc?
    des œufs?
    du bœuf?
    — Tu as donc tout mangé?

We must get grandad a new hearing aid

Nous allons au supermarché.
Et puis nous allons au café.
Nous allons boire quelque chose.
Et puis nous allons manger au restaurant.
Et après nous allons au cinéma.
Et puis nous allons à la discothèque.
Nous allons danser.
Nous allons rentrer vers minuit.
Et nous allons t'apporter une bière.

— Comment?
— Comment?
— ……

— Ils vont au supermarché.
— Ils ……
— ……

— Une bière?   Ah oui, merci mes enfants!

 Demain

Suggest to your partner things he or she may intend to do tomorrow.
The partner can answer either yes or no. Use the **vous** form in this exercise.

Vous allez manger au restaurant demain?
         danser à la discothèque?
         regarder la télévision?
         acheter un manteau?
         ……

—Oui, je vais ……
—Non, je ne vais pas ……

A TOUTE HEURE

SNACK
FRITES LA PORTION	3F00
CROQUE MONSIEUR	3.50
HOT DOGS	3.
SAUCISSES FRITES	7.
OEUFS BACON	5.

SANDWICHES
PATE	3F00
SAUCISSON AIL	3.
SEC	3.
FROMAGE	3.
JAMBON	3.50
RILLETTE	3.

ENTRÉES FROIDES
CHARCUTERIE	8F50
CRUDITES DE SAISON	5F
MACEDOINE MAYON.	4.50
COEUR DE PALMIER	6.
ASPERGES VINAIGRETTE	7.
RILLETTE LA PORTION	4.50
TERRINE CAMPAGNARDE	6.
CELERI REMOULADE	4.50
TOMATE	6.
OEUF RUSSE	4.
SARDINE A L'HUILE	3.
FILET DE HARENG	5.
JAMBON DE BAYONNE	9.
PAMPLEMOUSSE	2.50

ENTREES CHAUDES
ESCARGOTS LA DOUZ.	15F
LES 6	8.
TRUITE MEUNIERE	9.50
A LA CREME	11.
PIZZA FACON CHEF	5.
COQUILLE ST JACQUES	9.
CUISSES DE GRENOUILLE	14.50

PLATS GARNIS FRITES
STEACK	13F.
POIVRE	16.50
HAMBURGER	14.
STEACK TARTARE	14.50
ENTRECOTE GRILLEE	18.
POULET ROTI	10.
FROID MAYON.	10.
ANDOUILLETTE	7.50
COTE DE PORC CHARCUT.	13.
TRIPES POMMES VAPEUR	9.50
ESCALOPE VEAU	20.
D INDE	15.
RAVIOLIS	6.
JAMBON PARIS	8.
STRASBOURG 2 SAUC.	7.
BOURGUIGNON	13.
CHOUCROUTE	15.
CASSOULET	13.50
ROGNONS	13.

MENU A PRIX FIXE
SERVICE ET BOISSONS COMPRIS
20F00

SARDINE A L'UILE OU
POTAGE OU CRUDITE

STRASBOURG FRITES
OU
ANDOUILLETTE
OU
TRIPES

CREME CARAMEL OU
GLACE OU FRUIT

1/3 ROUGE OU 1/2 PRESSION
OU 1/4 VITTEL

POTAGES
ASPERGES	
TOMATE	3F50
CHAMPIGNONS	
POTAGE DU JOUR	

OEUFS FRITE
OMELETTE NATURE	5F5
JAMBON	7.
FROMAGE	7.
BACON	7.5
OEUFS PLAT	5.5
BACON	7.

FROMAGES
CAMEMBERT	
GRUYERE	
HOLLANDE	3F5
BOMBEL	
CHEVRE	
YAOURT	2.0

GOURMANDISE
TARTE MAISON	3F
CHANTILLY	5.
MODE	
AVEC GLACE	5.
COUPE DE FRUITS	
AVEC KIRSCH	5.
ANANAS AU KIRSCH	5.
CREME CARAMEL	3.
FRUIT DE SAISON	3.

GLACES
NAPOLITAINE	2F5
CASSATE	3.5
PARFAIT	3.
FRUITS GIVRES	5.
MYSTERE	4.
GD MARNIER	6.
COUPE DE GLACE	2.5

SPECIALITES
CAFE LIEGEOIS	4F
CHOCOLAT	4.
PECHE MELBA	4.5
POIRE	4.
ANANAS	4.
DAME BLANCHE	5.
BANANA SPLIT	6.
POIRE BELLE HELENE	6.
MARTINIQUAISE	6.5
COUPE BRASSERIE	7.0

BOISSONS CONVENTIONN
ROUGE 1/3	4F00
1/2	5.50
BLANC DOUX 1/3	4.
ROSE 1/3	4.
BIERE	2.20
EAU MINERALE	3.50

CHANGEMENT DE GARNITU
SUPPL 2 F00

PLAT DU JOUR

unit 28

Fermé le lundi

Listen carefully to the dialogue two or three times, then answer these questions:

Est-ce que Jean-Luc va pendre le menu à prix fixe?
Sylvie va prendre du potage aux tomates?
Qu'est-ce qu'ils vont manger comme plat garni?
Jean-Luc va prendre quel fromage? Pourquoi?
Est-ce que Sylvie va prendre du fromage?
Qu'est-ce qu'ils vont boire?
Pourquoi vont-ils au self-service?

le poivre pepper (*here* with black peppercorns)
le steack tartare raw minced steak
le poulet chicken
rôti roast
mayon = mayonnaise
l'andouillette (f) small sausage
la côte rib; chop
charcut = **la charcuterie** cold cooked meat
la pomme de terre potato
la vapeur steam
pommes vapeur boiled (or steamed) potatoes
l'escalope fillet
la dinde turkey
le jambon (de Paris) (cooked) ham
la saucisse de Strasbourg sort of sausage, served hot
le bœuf bourguignon beef stewed in wine
la choucroute sauerkraut (served with sausages etc)
le rognon kidney

Dialogue vocabulary

le prix fixe fixed price (meal)
le plat garni main dish with a vegetable (*here*, chips)
hier yesterday
peut-être perhaps
le potage soup
avoir faim be hungry
le champignon mushroom
ensuite then
favori (f: **-te**) favourite
le cassoulet beans cooked with meat and sausages
la demi-carafe half carafe
la bière beer
avoir soif be thirsty
beaucoup de monde a lot of people
avoir raison be right
l'affiche (f) notice
le self-service cafeteria

Jean-Luc:	Qu'est-ce que tu vas manger?
Sylvie:	Je ne sais pas. Et toi? Tu prends le menu à prix fixe?
Jean-Luc:	Non, je vais prendre un plat garni.
Sylvie:	Un steack?
Jean-Luc:	Non, j'ai mangé du bœuf hier. Du veau peut-être.
Sylvie:	Moi, je vais prendre un plat garni aussi. Mais j'ai faim, je commence par du potage.
Jean-Luc:	Du potage aux tomates?
Sylvie:	Non, aux champignons. Et toi?
Jean-Luc:	Non non, pas pour moi. Je vais commencer par le plat garni, et ensuite je vais prendre du fromage.
Sylvie:	Du camembert?
Jean-Luc:	Oui, c'est mon fromage favori. Qu'est-ce que tu vas manger après ton potage?
Sylvie:	Le cassoulet.
Jean-Luc:	Bon, alors moi aussi je prends le cassoulet.
Sylvie:	Mais ce n'est pas du veau!
Jean-Luc:	Non, mais c'est un de mes plats favoris. Tu bois du vin? Moi je prends du rouge. Une demi-carafe.
Sylvie:	Moi, j'ai soif aussi. Je prends une bière.
Jean-Luc:	Bon alors: un potage aux champignons, deux cassoulets, un camembert, une demi-carafe de vin rouge et une bière. Entrons!
Sylvie:	Il n'y a pas beaucoup de monde dans le restaurant.
Jean-Luc:	Mais oui, tu as raison, il est vide! Quel jour sommes-nous aujourd'hui?
Sylvie:	Lundi.
Jean-Luc:	Ah oui, bien sûr! Regarde l'affiche. Là.
Sylvie:	«Fermé le lundi.» Ça alors!
Jean-Luc:	Allons au self-service!

 Je regrette, monsieur, il n'y a pas de …… aujourd'hui

The teacher plays the customer, all the class are waiters. An extraordinary number of things are 'off' today, and the customer is forced to continually change his choice. Keep to the *plats garnis* section of the menu plus any other items whose meaning is known to the class. Repeat as pairwork afterwards.

L'addition, s'il vous plaît!

RESTAURANT DES BEAUX ARTS

1 pot. champ	3.50
2 cass.	27.00
1 camem.	3.00
½ rouge	5.50
1 bière	2.20
	41.20
Service 15%	6.20
	47.40

— Vous prenez du café, madame?
— Non merci. L'addition, s'il vous plaît.
— Voilà madame.

You are the waiter. Go through this bill with your customer, telling her what each item is, the price, the total. Then each make out a different bill, using the prices on the menu, and go through the dialogue again in pairs, using the bills you have made out.

 I've done it already!

Je vais acheter de la viande.

— Non non, j'ai déjà acheté de la viande!
    réserver des places
    apporter du pain
    manger mon sandwich
    trouver une table
    préparer le déjeuner

 Fermé aujourd'hui?

— Allons au self-service!
— Mais non, il est fermé le lundi……

    restaurant
    café
    supermarché
    tabac
    cinéma

— Ah oui, tu as raison, il est fermé le lundi.
— Ah non, tu as tort, il est ouvert le ……
    ……

unit 29

 Where do you go to do what?

Pour acheter du beurre?
— Je vais à l'épicerie.

Pour manger?
Pour faire le plein?
Pour stationner?
Pour acheter des croissants?

Pour danser?
Pour offrir un vin blanc à Monique?
Pour regarder la télévision?
Pour prendre l'autocar?

 What for?

Je voudrais un couteau.  — Pour quoi faire? — Pour couper mon pain

une fourchette.  — Pour quoi faire? — Pour m……

un verre  …… — Pour b……

de l'argent  …… — Pour ach……

un billet  …… — Pour all……

une laverie  …… — Pour f……

Fussy, aren't you?

Vous voudriez de la bière?
— Non merci, je voudrais……

du porc?
une orange?
un pull rouge?
une Simca?
un plat chaud?
une glace?

They won't let me do a thing

Je voudrais fumer dans le cinéma.
— Je regrette, monsieur, il est interdit de ......

aller sur les remparts
stationner sur le trottoir
acheter du vin
entrer dans l'hôtel de ville
manger dans la salle de classe

Le déjeuner de Monsieur Eustache

Expand these four short sentences describing the picture. Don't invent French—write only things you know already. The first sentence is done for you as an example.

a Monsieur Eustache est au restaurant.

Il est midi: aujourd'hui Monsieur Eustache va à son restaurant favori, le Restaurant de Paris. Il a faim.

b Il mange un plat chaud.

c Il boit du vin.

d Il est content.

unit 30 revision

Grammar

1. | aller—*to go* | | boire—*to drink* | |
    |---|---|---|---|
    | je **vais** | nous **allons** | je **bois** | nous **buvons** |
    | tu **vas** | vous **allez** | tu **bois** | vous **buvez** |
    | il **va** | ils **vont** | il **boit** | ils **boivent** |

2. Infinitives

    The infinitive of most French verbs ends in **-er**: **porter**, **commencer**. Some verbs have infinitives ending in **-re**: **boire, faire**, or in **-ir**: **offrir, avoir**.

    je vais stationner
    tu vas manger

    French uses **aller** + infinitive to form a future, just as English uses *I am going* + infinitive. So **tu vas manger** corresponds exactly to *you are going to eat*.

    The infinitive may follow a verb:

    je voudrais manger

    or a preposition:
    je suis ici pour manger

    or an adjective + preposition:
    il est interdit de manger

    Interdit is always followed by **de** when it is used with an infinitive.

3. il y a de la place
    il y a des voitures

    Il y a is a set phrase meaning either *there is* or *there are*.

    Notice where the **ne . . . pas** goes in the negative:

    il n'y a pas de place
    il n'y a pas de voitures

4. Entrons dans le restaurant!   Nous entrons dans le restaurant
    Allons au self-service!   Nous allons au self-service.

    The **nous** form of the command is used to make suggestions (= English *let's go in*; *let's go*, etc). It is just the same as the **nous** form of the present tense, without the **nous**.

le stationnement parking
le côté side
de l'autre côté on the other side
le poids lourd heavy lorry
le trottoir pavement
le frigo fridge
le fromage cheese
le cinéma cinema
le menu menu; meal
le plat garni 'garnished dish' (= meat with potatoes)
le steack steak
le steack tartare raw minced steak
le potage soup
le champignon mushroom
le cassoulet beans with meat and sausages
l'enfant (m or f) child
le café coffee
le monde world; people
le self-service cafeteria
le couteau knife
l'argent (m) money
le billet ticket
le poivre pepper
le poulet chicken
le jambon (de Paris) (cooked) ham
le bœuf bourguignon beef in red wine
le rognon kidney

la place place; room
la discothèque disco
la demi-carafe half carafe
la bière beer
l'affiche (f) notice
la fourchette fork
la glace ice
les (pommes) frites (f) chips
l'andouillette (f) small sausage
la côte rib; chop
la mayonnaise mayonnaise
la charcuterie cold cooked meat
la pomme de terre potato
la vapeur steam
l'escalope (f) fillet
la dinde turkey

5   j'ai faim   (...... *am* hungry)
      j'ai soif   (...... *am* thirsty)
      tu as raison   (...... *are* right)
      tu as tort   (...... *are* wrong)
      il a quatre-vingts ans   (...... *is* eighty)

Notice these expressions where French uses **avoir**, and English uses the verb *to be*.

a   They're not doing it—tell them to do it!

     Vous ne fermez pas les livres!
        Fermez......

     Tu ne manges pas ton œuf!
     Nous ne préparons pas le dîner.
     Vous ne faites pas la lessive!
     Nous n'allons pas au café.
     Tu ne penses pas à ta mère.
     Tu ne fais pas le plein!
     Nous n'entrons pas dans le restaurant.

b   Aujourd'hui...   Demain...

     Je vais au cinéma.   Je vais aller......
     Je mange au restaurant.
     Nous achetons deux billets.
     Nous regardons la télé.
     Elle est triste.
     Il a vingt ans.
     Ils ont faim.
     Elles prennent le train de dix heures.

c   Il y a de la place?
       — Non, il n'y a pas de place.

         des pêches?
         du vin rouge?
         une pharmacie?
         un car à midi?
         du pain?
         de la bière?
         un tabac?

---

la saucisse sausage
la choucroute sauerkraut
l'addition (f) bill

apporter bring
stationner park
réserver à reserve for
faire demi-tour turn round
danser dance
commencer begin
aimer like; love
entrer (dans) enter; go in
fermer close
couper cut
fumer smoke

ici here
interdit forbidden
autre other
vrai true
un peu a bit
plus loin further (on)
quelque part somewhere
ridicule ridiculous
plein full
vide empty
pourquoi why
par by
exactement exactly
comment? what? pardon?
quoi? what?
hier yesterday
demain tomorrow
pour in order to
peut-être perhaps
ensuite then
favori (f: -te) favourite
déjà already
rôti roast
à sens unique one-way
à prix fixe fixed-price
content happy

d Je voudrais……

Me too!

Il va à Paris.
— Moi aussi, je voudrais aller à Paris.

Ils sont jeunes.
Nous achetons une Renault.
Je commence par des champignons.
Elles déjeunent chez Oscar.
Elle est belle.

If you were suddenly given ten thousand francs what would you like to do? Name six things.

Je voudrais aller ……
 ……
 acheter ……
 ……

e Soif, faim, tort, raison, ans

Pourquoi tu manges?
— Parce que j'……

Pourquoi vous buvez?
— Parce que j'……

Pourquoi vous dites oui?
— Parce que vous ……

Pourquoi tu dis non?
— Parce que tu ……

Tu es très vieux, grand-père?
— Oui, j'……

f Begin each answer with **Pour** …… and use the infinitive indicated

Pourquoi prends-tu un couteau?	(couper du pain)
Pourquoi vas-tu au restaurant?	(manger ……)
Pourquoi vas-tu au supermarché?	(acheter ……)
Pourquoi as-tu un verre?	(boire ……)
Pourquoi as-tu une fourchette?	(manger ……)
Pourquoi vas-tu à la gare routière?	(prendre ……)
Pourquoi vas-tu au café?	(offrir ……)

g Answer in English

Who can't do what here? And here?

Who can park here? Who can't do what here?

How long can you do what here?

What can't you do and why?

Who can go first?

unit 31

 Bargains

Monsieur Clouzot sort du magasin. Il porte une nouvelle paire de chaussures.

«Formidable! Superbe!» dit-il. «N'est-ce pas, chérie?» Monsieur Clouzot aime les occasions.

«Les chaussures?» dit sa femme.

«Bien sûr les chaussures! Quatre-vingts francs! Une occasion! Quel beau marron!»

«Marron?» dit Madame Clouzot. Elle regarde les chaussures. «Plutôt rouge.» Elle n'aime pas beaucoup les chaussures.

«Rouge? Mais non—marron! Ce sont des belles chaussures—très belles!» Monsieur Clouzot monte dans sa voiture à côté de sa femme. Il est heureux.

«Ah! Il faut faire le plein. Je vais à Auchan. L'essence est moins cher là.»

«A Auchan? C'est un peu loin, chéri.»

«Mais non! Tout le monde va à Auchan. A Auchan le super coûte seulement 1 franc 90 le litre. J'économise six centimes!»

«Six centimes! Ça c'est beaucoup!» dit Madame Clouzot...

sortir come out
le magasin shop
nouveau (f: **-elle**) new
  (= different)
formidable terrific
l'occasion (f) bargain

plutôt more like

monter get in
la femme wife
il faut we must
Auchan *name of hypermarket*

tout le monde everybody
économiser save

84

«Ah,» dit Monsieur Clouzot. «Libre service. Bon, je vais faire le plein. Je vais économiser au moins un franc.»

Il introduit le robinet dans le réservoir de sa voiture et regarde la pompe. Dix, vingt, trente litres. Le réservoir est plein.

«J'ai économisé 1 franc 80!» dit-il très heureux à sa femme. Il retire le robinet sans précaution du réservoir.

«Attention, chéri,» crie sa femme. «Attention à l'essence.»
Mais trop tard.
Voilà des taches d'essence sur les chaussures neuves!
«Ça alors!» dit Monsieur Clouzot. «Mes belles chaussures marron!»
«Rouges,» dit Madame Clouzot. «Mais oui, tu as raison, chéri—rouges avec des taches marron!»

le libre service self service
au moins at least
introduire put in
le robinet nozzle; tap

retirer pull out
sans précaution carelessly

la tache stain
neuf (f: **neuve**) brand new

Qu'est-ce que Monsieur Clouzot achète dans le magasin?
De quelle couleur sont-elles?
Est-ce que Madame Clouzot aime les chaussures?
Monsieur Clouzot va faire le plein. Où?
Pourquoi?
Combien économise-t-il?
Que fait Monsieur Clouzot pour faire le plein?
Qu'est-ce qu'il fait sans précaution?
Où sont les taches d'essence?
Que dit Madame Clouzot?

un nouveau manteau
un beau manteau

des nouveaux gants
des beaux gants

une nouvelle robe
une belle robe

des nouvelles sandales
des belles sandales

un nouvel anorak
un bel anorak

des nouveaux appartements
des beaux appartements

— J'ai un nouveau — Ah, comme il est beau!

Qu'est-ce qu'il faut acheter pour le déjeuner?

Faut-il acheter ……?
Non, mais il faut acheter ……

du fromage

Récapitulation

Without referring back to the text, retell the story using this framework:

Monsieur Clouzot—nouvelle paire de chaussures—formidable—aimer les occasions—quel beau marron!

Madame Clouzot—plutôt rouge—elle n'aime pas les chaussures.

A Auchan—il introduit le robinet dans le réservoir—trente litres—plein—économiser 1 F 80—retirer—sans précaution.

Attention!—trop tard—taches d'essence—tu as raison.

unit 32

Oh, les vieilles dames!

Listen to the dialogue. Read through the vocabulary. Listen to the dialogue twice more. Then give an account of exactly what happens in English.

il attend   on attend
il appuie sur   on appuie sur
  le bouton   le bouton
il introduit   on introduit
  le robinet   le robinet

on = *one, we, people in general*

j'appuie sur le bouton I'm pressing the button
je reviens I'll be back
numéro cinq number five
le revolver revolver
un petit truc a little thingummy
la gâchette trigger
facile quand vous le faites easy when *you* do it
toujours always
on attend we're waiting
payer pay
j'arrive I'm coming
gentil nice
ce jeune homme that young man
il m'a donné he's given me
gratuit free

Old lady:	Pardon monsieur, ça ne marche pas.
Attendant:	Comment madame?
Old lady:	La pompe. Elle ne marche pas. J'appuie sur le bouton, mais la pompe ne marche pas.
Attendant:	Un instant monsieur, je reviens . . . Eh bien madame, quelle pompe?
Old lady:	Numéro cinq.
Attendant:	Bon, je viens . . .
Old lady:	Voilà la pompe, et voilà ma voiture. J'appuie sur le bouton, mais la pompe ne marche pas.
Attendant:	Ah, tiens! Madame, regardez. On appuie sur le bouton, oui. Et puis, regardez! On prend le robinet.
Old lady:	Ah! Il faut prendre le revolver.
Attendant:	Le robinet. Oui, et on introduit le robinet dans le réservoir. Le réservoir de la voiture.
Old lady:	Mais la pompe ne marche toujours pas.
Attendant:	Non madame. Regardez le robinet. Il y a un petit truc là. C'est une gâchette. On appuie sur la gâchette, et voilà!
Old lady:	Ah tiens—on appuie sur le bouton, on introduit le revolver dans le réservoir, on appuie sur la gâchette du revolver.
Attendant:	Du robinet. Oui, et voilà tout. Combien d'essence voudriez-vous?
Old lady:	Dix litres, monsieur.
Attendant:	Eh bien, voilà.
Old lady:	C'est très facile quand vous le faites, monsieur. Pourquoi ne le faites-vous pas toujours?
Impatient man:	Hé monsieur! On attend! On voudrait payer!
Attendant:	Voilà pourquoi, madame. Excusez-moi.—Oui, oui, oui, j'arrive, monsieur.
Old lady:	Très gentil, ce jeune homme. (*Car door. Car engine starts*) Et il m'a donné dix litres d'essence gratuite! (*Car drives off*)

88

Qu'est-ce qu'on fait ici?

— On attend l'autocar

Describe them!

jeune, intelligent    — C'est un jeune homme intelligent

beau, bleu    petite, jaune

vieille, laide 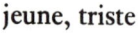   nouveau, marron

grand, vide   jeune, triste

Always keep the customer waiting
(choose your own excuse!)

Pardon monsieur, la montre ne marche pas.   — Oui oui, monsieur, je viens.
                 la voiture   — Un instant, monsieur, je reviens.
                 la pompe   — Attendez un moment, s'il vous plaît,
                 le frigo   monsieur.
                 la pendule   — Oui monsieur, j'arrive, j'arrive.
                 la gâchette   — Je reviens dans un instant, monsieur.
                 le robinet   — Excusez-moi un moment, monsieur.
                 la télévision   — Un petit moment, monsieur, je suis là!
                 le revolver

unit 33

ce monsieur-là
cet hôtel-là, cet argent-là
ces croissants-là

cette dame-là
cette épicerie-là
ces poires-là

Ça coûte combien, ce melon-là? — Il coûte six francs, monsieur.

cette robe-là?

ces pommes-là?

Quel article? Cet article-là!
appartement?
anorak?
œuf?
hôtel?
argent?
homme?

Quel préférez-vous? Ce beurre-là!

 **Sur la plage**

Listen to the text and follow it closely in your books. Then read the printed text to yourself twice more and answer the questions.

Sylvie flâne sur la plage à Nice avec sa nouvelle amie Micheline. Elle a fait sa connaissance pour la première fois hier soir à l'hôtel.

C'est un beau jour. Il fait du soleil, comme presque toujours en été à Nice. Sur la plage il y a beaucoup de monde—les femmes en bikini, les hommes en slip. Tout le monde est en vacances.

« Ah, regarde, Micheline, dit Sylvie. Ce jeune homme-là. Je l'ai vu hier soir à l'hôtel.

— Quel jeune homme? Cet homme-là au slip bleu?

— Mais non! Ce beau jeune homme-là au slip rouge.

— Tu le trouves beau? L'homme au slip rouge? Mais il est gros et vieux et laid!

—Ah non, Micheline! Tu fais exprès! Pas ce gros monsieur! Le jeune homme au slip rouge—il joue au volley-ball.

— Ah, ce jeune homme-là! Micheline le voit enfin.—Oui, il joue au volley-ball. Non, je ne le trouve pas beau.

— Vraiment? dit Sylvie, surprise.

— Non. Pas du tout.

— C'est curieux. Moi, je le trouve assez beau.

— Pas beau. Pas intelligent. Pas intéressant.

— Ah ça alors, Micheline. Pas intelligent, pas intéressant!—tu ne sais pas!

— Si, je sais, dit Micheline. Pas beau, pas intelligent, pas intéressant. C'est mon frère. Viens, tu le trouves beau, tu vas faire sa connaissance. Mais moi, je préfère le gros vieux au slip rouge! »

flâner stroll
la plage beach
une amie (female) friend
fait sa connaissance made her acquaintance; met her
presque almost
le slip (here) swimming trunks

vu seen

exprès on purpose

voit sees
enfin finally

pas du tout not at all
assez quite
intéressant interesting

le frère brother

How long has Sylvie known Micheline?
What are they doing this morning?
What is the weather like?
Who attracts Sylvie's attention?
Why?
What is he doing?
Who does Micheline first think Sylvie is talking about? And then?
What is Micheline's opinion of the young man in the red swimming trunks?
How does she know him?
What does she propose to do?

 Comment vous les trouvez?

Tu trouves ce jeune homme beau?   — Oui, je le trouve beau.
            cette femme belle?   la ……
            ces slips chers?   les
            ce monsieur gentil?
            cette dame intelligente?
            ce beurre bon?
            ce plat chaud?
            ces pommes trop petites?
            cette question impossible?

 Let's talk about our friends (behind their backs!)

Comment tu trouves……?
Tu ne le (la) trouves pas   intelligent (-e)?   — Non, je ne le (la) trouve pas ……
                        beau (belle)
                        gentil (-lle)   — Si, je le (la) trouve ……!
                        laid (-e)
                        trop jeune
                        trop petit (-e)
                        trop grand (-e)
                        trop vieux (vieille)
                        trop froid (-e)
                        intéressant (-e)
                        joli (-e)
                        ridicule

unit 34 revision

Grammar

1. le nouveau pyjama   les nouveaux pyjamas
   le beau pyjama   les beaux pyjamas
   le vieux pyjama   les vieux pyjamas

   la nouvelle robe   les nouvelles robes
   la belle robe   les belles robes
   la vieille robe   les vieilles robes

   Note the feminine and plural forms of **nouveau**, **beau** and **vieux**. These three adjectives also have the special forms **nouvel**, **bel**, **vieil** before a masculine singular noun beginning with a vowel or **h**:

   un nouvel anorak   un bel hôtel   un vieil homme

2. un gros monsieur   une petite femme

   A limited number of very common adjectives stand in front of the noun in French. Those we have met so far are:

   beau   gros   petit   nouveau   jeune   vieux   joli   bon
   grand   mauvais   gentil

3. ce monsieur   cette dame   ces hommes

   ce/cette/ces corresponds to *this* or *that* in English. **-là** may be added to the noun that goes with it, for added emphasis:

   ce jeune homme-là, *that* young man

   The form **cet** is used before a masculine singular noun beginning with a vowel or **h**:

   cet appartement   cet homme

4. on appuie sur le bouton

   on means *one* in the sense of *people in general*. Sometimes it corresponds to an indefinite *we* or *they* in English. It is always followed by the **il** form of the verb.

5. je le trouve beau   …… him (it) ……
   je la trouve belle   …… her (it) ……
   je les trouve beaux   …… them ……

   le, la, les are the direct object pronouns, meaning *him, her, them*. They come immediately before the verb.
   Note their position in the negative: **je ne le trouve pas** and in the perfect: **je l'ai trouvé**

---

l'article (m) article
le magasin shop
le libre service self service
le robinet tap; nozzle
le réservoir tank
le bouton button
l'instant (m) instant; moment
le numéro number
le revolver revolver
le truc thingummy; thingy
le moment moment
le monsieur man; gentleman
l'homme (m) man
le slip swimming trunks
le volley-ball volleyball
le frère brother

la paire pair
l'occasion (f) bargain
la femme wife; woman
la pompe pump
la précaution care
la tache stain; splash
la dame lady
la gâchette trigger
la plage beach
l'amie (f) (female) friend
la caisse cash desk

sortir (*follows* **partir** *pattern*) come out; go out
monter dans get in
économiser save
introduire (il introduit) put in
retirer pull out
appuyer (il appuie) press
venir (je viens) come
revenir come back
attendre (il attend) wait for
payer pay
excuser excuse
j'arrive I'm coming
donner give
trouver find; think (he) is
flâner stroll
faire la connaissance de meet
voir (je vois; j'ai vu) see
jouer play

plûtot more; rather

6 il faut faire le plein

il faut means literally *it is necessary to*. The verb is only used in the **il** form, which corresponds to *I, you, he, we, they, one must.*

a Cette femme! Comme elle est jolie!
— Oui, c'est une très jolie femme.

Cet homme! Comme il est intelligent!
Cette forêt! Comme elle est belle!
Ce livre! Comme il est intéressant!
Ces questions! Comme elles sont faciles!
Cette dame! Comme elle est vieille!
Ce monsieur! Comme il est gros!
Ce pain! Comme il est blanc!

à côté de beside
au moins at least
sans without
quand when
toujours still; always
presque nearly
exprès on purpose
enfin at last
pas du tout not at all
assez quite
tout le monde everybody
nouveau (f -elle) new
formidable terrific
superbe superb
chéri darling
petit little
facile easy
gentil nice
gratuit free
intelligent intelligent
intéressant interesting
grand big

b Complétez

nouveau	beau	vieux
un ...... réservoir	un ...... monsieur	un ...... menu
un ...... revolver	une ...... occasion	un ...... ami
une ...... précaution	une ...... dame	des ...... maisons
un ...... bikini	un ...... homme	une ...... affiche
des ...... robinets	un ...... été	des ...... vins
des ...... amies	des ...... plages	des ...... verres
un ...... hôtel de ville	des ...... magasins	un ...... fromage

c Qu'est-ce qu'il faut avoir?
(Name just *one* thing in each answer)

Pour manger?
— Il faut avoir une fourchette.

Pour boire?
Pour couper du pain?
Pour payer?
Pour savoir l'heure?
Pour prendre un train?
Pour sortir quand il neige?
Pour faire de la confiture?
Pour monter dans une voiture?

d Tu achètes la ceinture?
— Non, je ne l'achète pas.

Tu manges ton steack?
Tu bois ton vin?
Tu portes tes gants?
Tu économises ton argent?
Tu vois ta mère?
Tu as trouvé le stylo?

e Write ten lines of dialogue either
1. at a petrol station *or*
2. on the beach.

Use *only* French you know—don't try to invent French you don't know.

unit 35

 Quel beau jour!

«N'oublie pas le vin,» dit Madame Lamorisse.
«Non non non,» dit Monsieur Lamorisse. «J'ai ma liste.»
Monsieur Lamorisse, retraité, soixante-sept ans, sort de sa maison avec une liste et un sac pour aller au supermarché. Un beau jour. Il fait du soleil, il fait chaud. Monsieur Lamorisse aime la vie. «Quel jour superbe!» dit-il.

Il se promène le long de la rue de Lyon et s'arrête quelques instants sous les arbres de la place. Sur la place des hommes jouent aux boules. Le retraité les regarde avec beaucoup d'attention. Il se passionne pour le jeu de boules.

Monsieur Lamorisse s'assied sur un banc sous les arbres et un ami, Monsieur Trac, le voit et vient s'asseoir à côté de lui. Ils regardent le jeu et parlent ensemble.

oublier forget

retraité retired

la vie life
se promener walk
le long de along
s'arrêter stop
quelques a few
l'arbre (m) tree
la place square
les boules (f) (French) bowls
se passionner pour be very keen on
le jeu game
s'asseoir sit down
le banc bench
parler talk
ensemble together

«On va boire un verre de vin ensemble?» dit Monsieur Trac.

«Mais oui, pourquoi pas?» répond Monsieur Lamorisse. Les deux hommes s'en vont au café au coin de la place, s'asseyent à la terrasse et commandent du vin rouge. Ils parlent du jeu de boules, de la télévision, des élections. Ils s'amusent beaucoup.

Enfin, vers midi, ils se lèvent, se disent «au revoir» et s'en vont.

Monsieur Lamorisse arrive à la maison peu après midi. Son sac est vide. Madame Lamorisse le regarde.

«Tu n'as rien oublié, chéri?»

répondre reply
s'en aller go off
le coin corner
commander order
s'amuser enjoy oneself

se lever get up

peu shortly

ne...rien nothing

«Oublié? Non, non, je n'ai rien oublié.»

«Rien? Pas le vin, par exemple?»

«Le vin? Mais non, chérie. J'ai même bu deux verres de vin rouge aujourd'hui—j'ai rencontré Georges Trac. Il est vraiment sympathique, Georges.»

«Et tu n'as rien oublié?»

«Mais non, je te l'ai déjà dit. Moi, je n'oublie rien.»

«Alors, chéri, j'ai une idée. Nous allons manger au restaurant aujourd'hui.»

«Bonne idée! Pourquoi pas? Quel beau jour!»

Madame Lamorisse sourit et prend le sac vide. «Oui, chéri,» dit-elle, «comme tu dis—quel beau jour!»

même even
rencontrer meet

sourire smile

Listen to the text and read the passage to yourself at the same time. Then read it again to yourself. Then answer these questions in English:

How old is Monsieur Lamorisse?
What does Monsieur Lamorisse set out to do?
What does Madame Lamorisse think he might forget?
What is his reaction when he gets outside the house?
What attracts his attention in the square?
Why does he sit down?
Who joins him?
Who suggests a drink?
What do they drink?
What do they talk about?
When do they go home?
What has Monsieur Lamorisse forgotten?
What is Madame Lamorisse's reaction to this?
And Monsieur Lamorisse's?
What does Madame Lamorisse suggest they do about lunch?

Answer, using a *se* verb:

Que fait Monsieur Lamorisse dans la rue de Lyon?
Qu'est-ce qu'il fait sur la place?
Est-ce qu'il aime regarder le jeu de boules?
Que fait Monsieur Trac?
Qu'est-ce que les deux hommes font pour boire un verre de vin?
Qu'est-ce qu'ils font au café où ils boivent leur vin?
Qu'est-ce qu'ils font vers midi?

On se lève quand?

D'habitude je me lève à

tu te lèves à

Pierre se lève à

nous nous levons à

vous vous levez à

elles se lèvent à

Deny it all!

Tu bois mon vin!
— Mais non, je ne bois rien!

Tu oublies le pain!
Tu manges ma pêche!
Tu fais beaucoup.
Tu prends mon sac!
Tu as de l'argent.
Tu sais tout.
Tu achètes dix kilos de tomates!

Life gets tedious

Aujourd'hui je m'assieds sur ce banc-là.
— Et demain je vais m'asseoir sur ce banc-là.

tu t'amuses ici.
le train s'arrête à Lyon.
nous nous promenons sur la plage.
vous vous levez à huit heures.
ils se disent bonjour.

 Will she, won't she?

On va	sortir aller au cinéma manger au restaurant aller à la discothèque boire un verre de vin écouter des disques se promener aller au café du coin jouer aux boules aller danser	ensemble?	— Mais oui, pourquoi pas? — Ah, non merci!

Rewrite the story

— by extending these sentences as much as you can (don't look back to the text!)

Monsieur Lamorisse va au supermarché avec une liste et un sac.

Monsieur Lamorisse, retraité, soixante-sept ans, sort de sa maison avec une liste et un sac pour aller au supermarché.

Il fait du soleil.
Monsieur Lamorisse s'arrête sur la place.
Sur la place des hommes jouent aux boules.
Monsieur Trac s'assied près de Monsieur Lamorisse.
Ils vont au café.
Ils commandent du vin rouge.
Monsieur Lamorisse arrive à la maison peu après midi.

unit 36

Épelez!   Les lettres difficiles: Les accents:
                                     grave `   circonflexe ^
   e é g j w y   aigu   ´   tréma   ¨
                                     cédille ¸

 Mr. Geoffrey Archibald Mainwaring arrive au Grand Hôtel

—Bonjour monsieur.
—Bonjour. C'est une chambre pour deux personnes pour deux nuits. Je vous ai écrit.
—Oui monsieur. Vous vous appelez?
—Mainwaring. M–A–I–N–W–A–R–I–N–G. Je suis anglais.
—Ah oui, Mainwaring.
  Oui, voilà. Numéro 27. Voulez-vous remplir cette fiche, s'il vous plaît?
—Ah, excusez-moi monsieur. Mes lunettes sont dans ma valise. Voulez-vous me remplir la fiche?

la chambre (bed)room
écrit written
vous vous appelez? what's your name?
anglais English

remplir fill in
la fiche (de voyageur) (registration) form
les lunettes spectacles
la valise suitcase

— Oui monsieur, certainement. . . . Monsieur Mainwaring.
  Vos prénoms, monsieur? **le prénom** Christian name
— Geoffrey Archibald.
— J–E . . .?
— Non, G–E–O– deux F–R–E–Y
  A–R–C–H–I–B–A–L–D.
— Et vous habitez?
— 81 Berkeley Road.
— B–A– . . .
— Non, non, B–E–R–K–E–L–E–Y.
— Ah oui monsieur.
— Keighley. Pas avec TH, avec GH. K–E–I–G–H–L–E–Y,
  Yorkshire Y–O–R–K–S–H–I–R–E.
— Alors, Monsieur Geoffrey Archibald Mainwaring, 81
  Berkeley Road, Keighley, Yorkshire. Ce n'est pas facile,
  l'anglais, monsieur!

Play the scene through twice with your partner, changing roles and using your own names and addresses.

Here are the standard French equivalents for spelling over the telephone etc. Work out your own surname and learn to spell it with its equivalents by heart.

A	comme	Anatole		N	comme	Nicolas
B	comme	Berthe		O	comme	Oscar
C	comme	Célestin		P	comme	Pierre
D	comme	Désiré		Q	comme	Quintal
E	comme	Eugène		R	comme	Raoul
É	comme	Émile		S	comme	Suzanne
F	comme	François		T	comme	Thérèse
G	comme	Gaston		U	comme	Ursule
H	comme	Henri		V	comme	Victor
I	comme	Irma		W	comme	William
J	comme	Joseph		X	comme	Xavier
K	comme	Kléber		Y	comme	Yvonne
L	comme	Louis		Z	comme	Zoé
M	comme	Marcel				

Épelez ces villes françaises

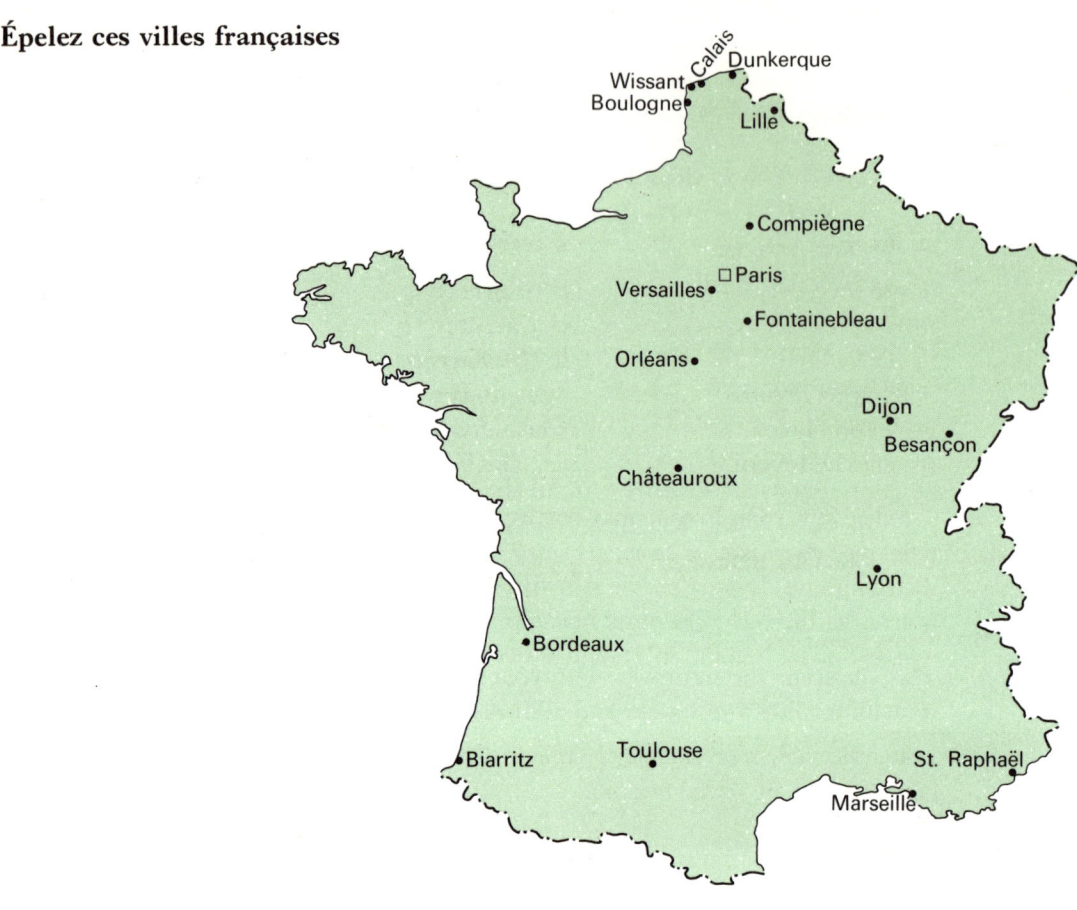

This is a **fiche de voyageur**. See how much of it you can complete.

unit 37 revision

Grammar

1. Reflexive verbs

   se lever—*to get up*   **s'arrêter**—*to stop*

   je **me** lève   je **m'**arrête
   tu **te** lèves   tu **t'**arrêtes
   il, elle **se** lève   il, elle **s'**arrête
   nous **nous levons**   nous **nous arrêtons**
   vous **vous levez**   vous **vous arrêtez**
   ils, elles **se lèvent**   ils, elles **s'arrêtent**

   A reflexive verb in French may correspond to an English reflexive (**s'amuser** = *to enjoy oneself*) or it may not (like the two above). Note that the reflexive object pronoun goes in front of the verb, like other object pronouns, and that **me**, **te** and **se** become **m'**, **t'** and **s'** before a vowel.

   le train ne s'arrête pas

   Like other object pronouns, the reflexive object pronoun goes after the **ne** of the negative.

   elle va se lever
   je vais me lever
   vous allez vous lever

   Note how, in the infinitive, the reflexive pronoun changes to suit the main verb.

   ils se disent «au revoir»

   The plural can mean *each other* as well as *themselves*.

2. je ne bois rien
   je n'ai rien bu

   ne . . . rien, *nothing*, behaves exactly like **ne . . . pas**. Don't be tempted to put a **pas** in with **ne . . . rien**!

3. acheter   nous achetons   j'achète
   Verbs whose infinitives end in **-e . . . er** change the pronunciation of the **-e** when it is followed in the next syllable by a silent **-e**. In the present this means in all parts except the **nous** and **vous** forms.

---

l'arbre (m) tree
le jeu game
le banc bench
le coin corner
l'accent (m) accent
le voyageur traveller
le prénom Christian name
le disque record

la fiche form
les lunettes (f) spectacles
la valise suitcase
la ville town
la liste list
la vie life
la place square
les boules (f) bowls
la terrasse terrace
l'élection (f) election
l'idée (f) idea
la lettre letter
la chambre (bed)room
la personne person

se passioner pour be very keen on
s'asseoir (il s'assied, ils
    s'asseyent) sit down
parler talk
répondre reply
s'en aller go off
commander order
s'amuser enjoy oneself
se lever get up
rencontrer meet
sourire (il sourit) smile
épeler spell
écrire (j'ai écrit) write
s'appeler be called
remplir fill in
habiter live
écouter listen (to)
oublier forget
se promener walk
s'arrêter stop

The pronunciation change is reflected in the spelling. Nearly all verbs ending in **-e . . er** or **-é . . er** change to **-è**:

acheter	nous achetons	j'achète
se lever	nous nous levons	je me lève
se promener	nous nous promenons	je me promène
compléter	nous complétons	je complète
préférer	nous préférons	je préfère

but notice what happens to **s'appeler** and **épeler**:

s'appeler	nous nous appelons	je m'appelle
épeler	nous épelons	j'épelle

retraité retired
le long de along
quelques a few
ensemble together
peu shortly
par exemple for example
sympathique nice
d'habitude usually
même even
difficile difficult
anglais English
certainement certainly

a Elle va se lever.
 —Elle ne va pas se lever.

Nous nous promenons.
Angélique s'amuse.
Je vais m'en aller.
Il s'appelle Jean-Pierre.
Le train va s'arrêter.
On s'assied.
Elle se passionne pour les pêches.

b Vous achetez des pommes? Oui, j'......
Vous préférez de la bière?
Vous vous appelez Oscar?
Vous vous promenez ce soir?
Vous vous levez à midi?
Vous épelez votre prénom?

c Je me passionne pour les boules. Et Pierre aussi, il ......
Tu te promènes dans la forêt. Et moi aussi, je ......
Vous vous arrêtez dans le parking. Et nous aussi, nous ......
Georges et Yves s'en vont. Et toi aussi, tu ......
Tu t'appelles Jean. Et lui aussi, il ......
Je vais me lever à six heures. Et Paul aussi, il ......
Tu vas t'asseoir. Et moi aussi, je ......
Vous allez vous amuser. Et nous aussi, nous ......

d Tu regardes quelque chose?
 — Non, je ne regarde rien.

Vous mangez quelque chose?
On commande quelque chose?
Tu penses à quelque chose?
Tu bois quelque chose?

Marie a trouvé quelque chose?
 — Non, elle n'a rien trouvé.

Il a cherché quelque chose?
Vous avez écrit quelque chose?
Elle a acheté quelque chose?
J'ai oublié quelque chose?

e **Libre** means *free*, **si** means *if*, **l'endroit** means *the place*. Instructions in French are often in the infinitive rather than the command form. Making inspired guesses at the other words you don't know, explain in detail in English how you would operate this self-service petrol pump.

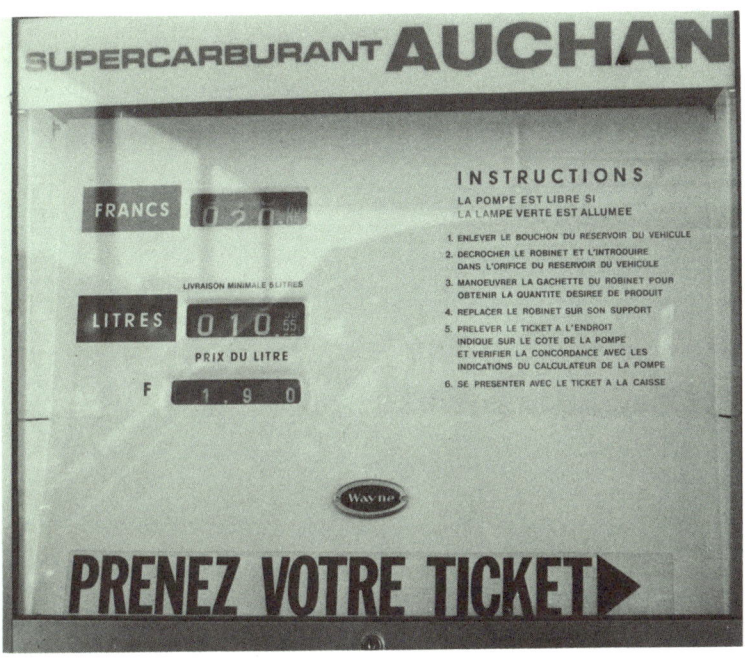

unit 38

une contrebasse

la voiture est en panne

le guichet

il va lentement

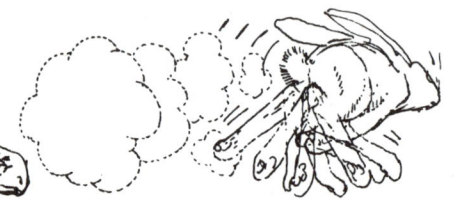
il se dépêche

il descend les marches

elle sourit

une place occupée

une place libre

il rit

le bras

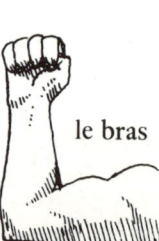
il l'embrasse

 Music and movement

Listen to the text and follow the story in your book. Then read the story twice more to yourself. Then as a class exercise retell the story in English in as much detail as you can without consulting the French text. Then go back to the French text and work out a written translation of it in pairs.

Marcel Duplessis est musicien. Il joue de la contrebasse.

D'habitude quand il voyage avec son instrument, la contrebasse est derrière lui dans sa petite Simca. Mais aujourd'hui la Simca est en panne, et pour aller jouer dans un concert au milieu de Paris Marcel voyage par le Métro. Avec sa contrebasse.

«Un ticket simple,» dit Marcel au guichet, et il cherche son argent.

«Un seul?» dit l'homme derrière le guichet. «Votre ami ne voyage pas?»

«Ha ha,» dit Marcel. Il trouve son argent, paie et prend son ticket.

au milieu de in the middle of

simple single
chercher look for
un seul just one

Aux marches il a beaucoup de difficulté avec son instrument et il descend très lentement. Personne ne l'aide. Il regarde sa montre. Il n'a qu'une demi-heure avant son concert. Il se dépêche vers le quai.

Le train arrive. Marcel essaie de trouver deux places libres, mais il y a déjà beaucoup de monde dans la voiture et la plupart des places sont occupées. Il ne voit qu'une seule place libre et s'assied, mais il est presque impossible de tenir la contrebasse. Alors il se lève et installe la contrebasse sur le siège.

A la prochaine station un couple entre.

«Pardon, monsieur,» dit l'homme. «Est-ce que votre ami voudrait donner sa place à ma femme—il a l'air beaucoup plus jeune qu'elle!»

L'homme rit. Cette fois-ci Marcel ne sourit même pas. Furieux, il prend sa contrebasse dans ses bras et essaie de se tenir droit au milieu de la voiture en marche.

personne ne no-one
ne...que only
le quai platform

essayer de try

la plupart des most of the

le siège seat

avoir l'air look
plus jeune que younger than
cette fois-ci this time

se tenir stand
droit upright
en marche moving

«Hé, monsieur—il est interdit de s'embrasser comme ça dans le Métro,» dit un autre homme. «Mais elle est vraiment jolie, votre petite amie!» Il rit, lui aussi.

A la prochaine station Marcel descend du train et sort du Métro. Maintenant il n'a qu'un quart d'heure avant son concert. Devant la salle il rencontre un autre musicien.

la salle hall

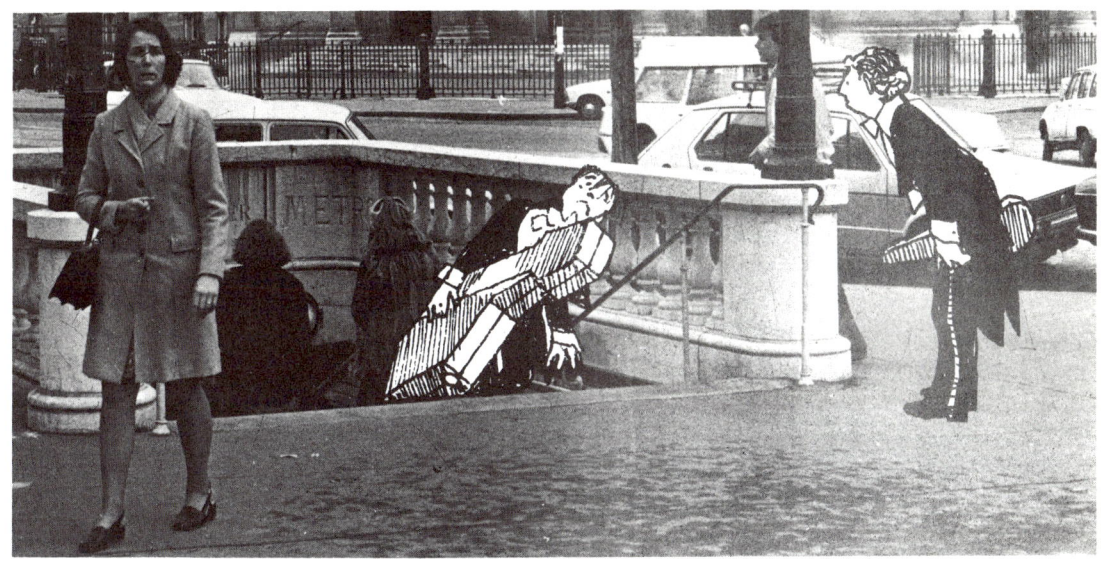

«Tu arrives par le Métro, Marcel? Mais comment tu portes une contrebasse dans le Métro?»

    porter (*here*) carry

«Avec beaucoup de difficulté!» répond Marcel. «La prochaine fois je prends un taxi—ou j'apprends la flûte!»

    apprendre learn

 Deny it!

Tu perds toujours ton ticket!
—Mais non, je ne perds pas toujours mon ticket!

Tu réponds trop lentement!
Tu attends devant la gare?
Tu descends sans précaution!

Il perd les élections
—Mais non, il ne ......

Yvonne attend son frère?
Gaston répond à ta question?
Suzanne descend du train?

 No!

Vous achetez un stylo à bille?
—Non, je n'achète rien.

Vous attendez Pierre?
—Non, je n'attends personne.

Vous mangez quelque chose?
Vous cherchez votre mère?
Vous faites la lessive?
Vous embrassez ma femme?
Vous apprenez la contrebasse?
Vous pensez à André?

 No again!

On aide Marcel?
—Non, personne n'aide Marcel.

On appuie sur le bouton?
On dit au revoir?
On danse?
On a gagné?
On joue aux boules?
On a coupé le pain?
On a commandé le vin?

109

Cutting it fine

Le concert commence à huit heures. Marcel a combien de temps?  Il n'a que deux heures.

There's no pleasing some people

Vous préférez cette chambre-ci? —Non, je préfère cette chambre-là.
    ce coin-ci?
    cette place-ci?
    ce jeune homme-ci?
    cette valise-ci?
    ce banc-ci?
    ces lunettes-ci?
    cette contrebasse-ci?

Retell the story
using this outline and without looking back at the text.

Marcel Duplessis—musicien—jouer dans un concert—au milieu de Paris—voyager par le Métro—la contrebasse.

Au guichet—un ticket simple—votre ami—descendre les marches avec difficulté—se dépêcher vers le quai.

Dans le train—places occupées—une seule place libre—installer—sur le siège.

La prochaine station—le couple—«Est-ce que votre ami voudrait donner . . .»—Marcel ne sourit même pas—prendre dans ses bras—essayer de se tenir droit—voiture en marche—interdit de s'embrasser.

Marcel descend du train—un quart d'heure avant le concert—devant la salle—rencontrer—«Comment tu portes . . .?»—avec difficulté—la prochaine fois—apprendre la flûte.

 **Quelle direction?**

Paris Métro lines are called by their terminus stations. You are at Concorde. Using the map and the model dialogue, explain how you would get to:

① Malesherbes
② St Michel
③ Kléber
④ Gare de l'Est
⑤ Trocadéro
⑥ Père Lachaise

— Pardon madame, pour aller à Denfert-Rochereau?
— Prenez la direction Mairie d'Issy jusqu'à Montparnasse-Bienvenue, puis la direction Porte d'Orléans.

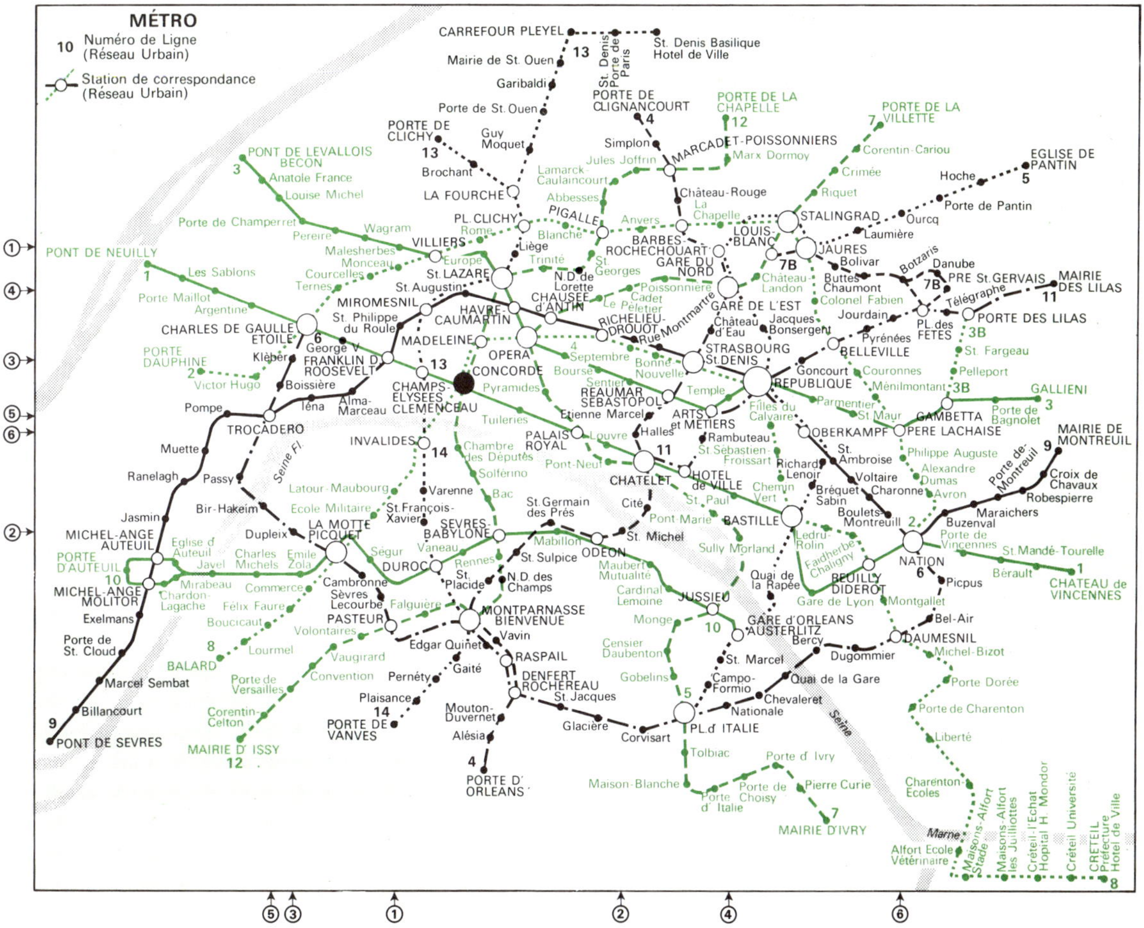

unit 39

Everybody's coming to my party

Tu viens en  avion   Vous venez en

Marie vient en    Gaston et Henri viennent en

Pascal ...... à pied    Claudine et Sylvie ...... à bicyclette

Nous venons en

Il dit qu'il ......    Ils disent qu'ils ......

Elle dit qu'elle ......    Tu dis que tu ......

Vous dites que vous ......    Elles disent qu'elles ......

Two very suspicious characters about

devant la ……

Et qu'est-ce qu'il dit, le gendarme?

Il dit qu'ils se tiennent devant la ……

……

……

Personne ne dit rien

Vous dites quelques mots?
— Mais non, nous ne disons rien!

Tu dis bonjour?
— Mais non, je ……

Nous disons beaucoup.
Ils disent quelque chose?
Elle dit au revoir.
Je dis trop.

Qu'est-ce qu'on tient?

Je ......

Nous ......

Vous ne ......

Elle ......

Ils ......

Mots croisés

All answers are parts of the present of **venir** or **tenir**. No word appears twice.

Horizontalement:
1. Il ......
2. Ils ......
5. Elles ......
6. Vous ......
7. Tu ......

Verticalement:
1. Je ......
2. Nous ......
3. Vous ......
4. Nous ......
5. Elle ......

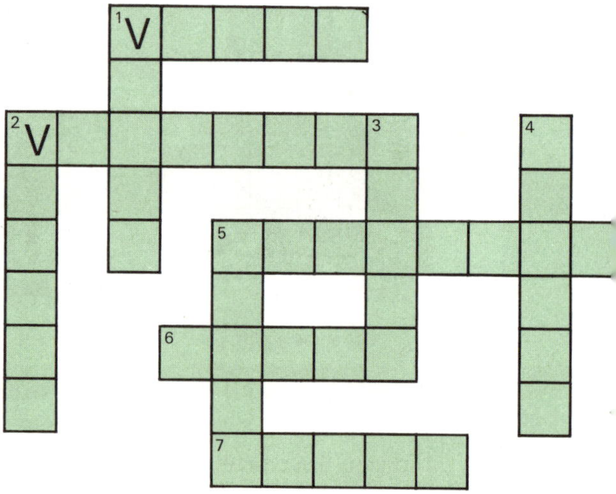

Solution: page 188

114

unit 40

Work out the other half of these conversations. Then act them out with your partner, alternating roles.

A la boulangerie

You want two baguettes. You also want five croissants but you're willing to change your mind if they haven't any. You have a ten franc note to pay with.

ne . . . plus no more
le pain au chocolat chocolate roll

Bonjour, mademoiselle.
....
Voilà, mademoiselle. C'est tout?
....
Ah, je regrette, mademoiselle, nous n'avons plus de croissants. Nous avons des pains au chocolat.
....
Très bien, mademoiselle. Voilà les pains au chocolat. C'est tout?
....
Ça fait six francs vingt.
....
Et trois francs quatre-vingts qui font dix. Merci, mademoiselle. Au revoir.
....

A l'hôtel

You want a room for two. You want a room with bath and you also want breakfast, if possible in the hotel restaurant.

la salle de bain bathroom
vous pouvez you can
la clef key

Bonjour, monsieur.
....
Oui, monsieur—une chambre pour combien de personnes?
....
Très bien, monsieur. Avec ou sans salle de bain, monsieur?
....
Très bien. Vous prenez le petit déjeuner?
....
Nous n'avons pas de restaurant, monsieur. Vous voulez prendre le petit déjeuner dans votre chambre?
....
Très bien. Vous avez un téléphone dans votre chambre, monsieur. Vous pouvez commander le petit déjeuner demain matin.
....
C'est la chambre 27. Voilà la clef, monsieur. Et voulez-vous remplir cette fiche, s'il vous plaît?
....
Merci monsieur. Bonne nuit!

Au garage

You want 30 francs worth of petrol. You also want two litres of oil—any sort will do in your car. You don't want the tyres or the water checked and since you've plenty of change you'll be able to give the correct money.

celle-là that one
vérifier check
le pneu tyre
l'eau (f) water

Bonjour, monsieur.
....
Super où ordinaire, monsieur?
....
Voilà, monsieur. C'est tout?
....
Deux litres d'huile, monsieur, oui. Celle-là, monsieur?
....
Je vérifie le pneus et l'eau aussi, monsieur?
....
Alors, ça fait trente-huit francs exactement, monsieur.
....
Merci, monsieur. Au revoir.

A l'épicerie

You want two pounds of apples. You also want a bottle of table wine and 250 grams of butter (choose the cheapest!). You have two ten-franc notes to pay with.

le vin ordinaire table wine
la bouteille bottle
consigné charged as deposit

Bonjour, madame.
....
Les rouges ou les vertes, madame?
....
Voilà, madame. Et avec ça?
....
Oui madame, du rouge ou du blanc?
....
Voilà. Vous avez une bouteille vide?
....
Bien. Alors, la bouteille est consignée cinquante centimes.
....
Oui madame. Le beurre à 4 francs 50 ou à 4 francs 30?
....
Voilà, madame. C'est tout?
....
Ça fait 13 francs 55, madame.
....
Et 6 francs 45 qui font vingt. Merci, madame. Au revoir.
....

unit 41 revision

Grammar

1. **perdre**—*to lose*

je **perds**	nous **perdons**
tu **perds**	vous **perdez**
il **perd**	ils **perdent**

   Imperative: **perds!, perdons!, perdez!**

   Perfect: j'ai **perdu**

   A large group of verbs have infinitives ending in **-dre** and follow the pattern of **perdre**.

2. **venir**—*to come* **dire**—*to say*

je **viens**	nous **venons**	je **dis**	nous **disons**
tu **viens**	vous **venez**	tu **dis**	vous **dites**
il **vient**	ils **viennent**	il **dit**	ils **disent**

   Two more irregular verbs. Note both pronunciation and spelling of **ils viennent**, and the **vous** form of **dire**: **vous dites**. **Tenir**, *to hold*, follows the pattern of **venir**.

3. il **n'a que** deux heures
   je **n'attends personne**
   nous **n'avons plus** de croissants

   Three more negative constructions like **ne . . . rien**.

   Note how **personne** or **rien** can become the subject of the sentence:

   Personne ne l'aide.
   — there's still no **pas** after the verb!

   . . . **plus de** croissants

   De is used instead of **des** after **plus** just as we would use **de** after **pas**.

   il **n'**a mangé **que** deux poires . . . *only two* . . .

   Que goes in front of the word it refers to.

4. ce jeune homme-**là** — *that* young man
   cette fois-**ci** — *this* time

   -ci may be added to a noun to emphasize *this* just as **-là** is added to emphasize *that*.

le **guichet** ticket window
le **bras** arm
le **musicien** musician
l'**instrument** (m) instrument
le **concert** concert
le **ticket** ticket
le **quai** platform
le **pied** foot
le **siège** seat
le **couple** couple
le **quart d'heure** quarter of an hour
le **gendarme** policeman
le **taxi** taxi
le **temps** time
l'**avion** (m) aircraft
le **mot** word
les **mots croisés** crossword
le **pain au chocolat** chocolate roll
le **téléphone** telephone
le **pneu** tyre
le **vin ordinaire** table wine

la **contrebasse** double bass
la **marche** step
la **difficulté** difficulty
la **demi-heure** half an hour
la **station** (Underground) station
la **voiture** (rail) coach
la **bicyclette** bicycle
la **salle** hall
l'**eau** (f) water
la **flûte** flute
la **droite** right-hand (side)
la **direction** direction
la **salle de bain** bathroom
la **clef** key
la **bouteille** bottle

descendre go down
se dépêcher hurry
rire laugh
embrasser kiss
voyager travel
se tenir stand
aider help
chercher look for
essayer de try to

5 essayer— il essaie   vous essayez   ils essaient
appuyer—il appuie   vous appuyez   ils appuient

Verbs ending in **-yer** change the **y** to an **i** before a mute **e**. That means in all parts of the present tense except the **nous** and **vous** forms. This is merely a spelling change—there is no change in pronunciation. The forms **j'essaye** etc., are also sometimes found with **-ayer** verbs.

6 certain—certaine—certainement, *certainly*
lent—lente—lentement, *slowly*

Most adverbs end in **-ment**: this corresponds to the English *-ly* ending. Adverbs are formed by adding **-ment** to the feminine form of the adjective. Where the adjective ends in a vowel the masculine form is used:
vrai—vraiment, *really*

tenir hold; keep
installer install; set up
avoir l'air look; seem
porter carry
apprendre learn
vous pouvez you can
vérifier check

en panne broken down
occupé occupied
libre free; vacant
au milieu de in the middle of
simple single
un seul just one
la plupart de most of
plus ... que more ... than
furieux furious
droit straight
en marche moving
jusqu'à as far as
ne ... plus no more
celle-là that one
consigné charged (as deposit)

a Add the right form of the verb, in the present tense:

(dire)   Mais qu'est-ce que vous ...... ?
(venir)   Il ...... à onze heures.
(se tenir) Ils ...... au milieu de la rue.
(dire)   Madame Lambert ne ...... rien.
(revenir) Oui mónsieur, je ......!
(tenir)   Ils ...... deux gros sacs.
(venir)   Est-ce que vous ...... cet après-midi?
(dire)   Nous ...... toujours trop.

b Add the correct form—**rien, pas, que, plus, personne**. (N.B.—in some cases there's more than one possibility!)

Marianne ne mange ......
...... ne les vérifie.
Je n'ai ...... d'argent.
Il n'a ...... répondu.
Je n'ai bu ...... un seul verre de vin.
Moi, je n'ai ...... bu.
Jean n'aime ...... le concert.
Elle n'embrasse ...... !

c Put into the singular

nous descendons
— je ......

vous trouvez
ils perdent
nous appuyons
elles mangent
elles répondent
nous achetons
vous attendez
vous essayez

d Put into the perfect

Je mange un œuf.
Je perds ma voiture.
Il essaie de la trouver.
Tu ne réponds pas à ma question.
On n'appuie pas sur le bouton.
Porte-t-elle sa nouvelle robe?
Ils achètent une Renault.
Il descend les marches.
Vous n'attendez pas devant la gare?

e Not this one, that one!

C'est ce jeune homme-ci?
— Non, c'est ce jeune homme-là.

cette clef-ci?
ce taxi-ci?
cette bouteille-ci?
ces oranges-ci?
cet avion-ci?
ce quai-ci?
ce guichet-ci?
cette station-ci?

f Form adverbs from these adjectives. What do the adverbs mean?

exact   direct   normal
triste   certain   vrai
simple   froid   seul
lent   facile   absolu
heureux

Write not more than six sentences incorporating as many as you can of the thirteen adverbs you have formed.

g With your partner work out and rehearse short conversations like those in Unit 40 for any three of the shops or stalls in this street:

unit 42

Listen to the text and follow in your book at the same time. Then read through the text again carefully to yourself. Then answer questions **a** in French and questions **b** in English.

 Un cadeau cher

«Cette lampe-là!» dit Monsieur Roussel. «C'est exactement ce qu'il me faut!»

Monsieur Roussel cherche un cadeau pour sa femme, qui a son anniversaire demain. Il a cherché partout dans les magasins de la ville, mais il n'a rien trouvé. Et maintenant, au marché, qu'est-ce qu'il a trouvé? Une lampe qui est exactement pareille à la lampe sur la petite table du séjour! Formidable! La petite table est à droite du canapé. Et il y a une autre petite table, sans lampe, qui se trouve à gauche du canapé.

Voilà exactement ce qu'il faut pour l'autre table! Deux lampes pareilles des deux côtés du canapé.

«Cela coûte combien, la lampe, monsieur?» demande-t-il.

«Ah, elle est jolie, n'est-ce pas?» dit le marchand. «Une antiquité. Très rare, monsieur, une lampe comme ça. Je n'ai jamais vu une lampe pareille à celle-là.»

«Ah voyons, j'ai une lampe pareille à la maison...»

«Alors, monsieur, ce que vous avez à la maison, c'est un objet qui a beaucoup de valeur, qui va garder sa valeur, un objet qui est presque impossible à trouver aujourd'hui.»

«Mais enfin,» dit Monsieur Roussel, «vous avez là une lampe pareille! Qu'est-ce qu'elle coûte?»

«Deux cent cinquante francs, monsieur. C'est une occasion!»

«Une occasion? Deux cent cinquante francs! Ça, c'est beaucoup trop cher pour moi!»

«J'ai d'autres choses, monsieur. Cette jolie cruche, par exemple. Deux cents francs.»

«Non non, la cruche ne m'intéresse pas. Et la lampe est trop chère.»

ce qu'il me faut what I need
le cadeau present
qui who
l'anniversaire (m) birthday
partout everywhere
le marché market
pareil (f: -lle) similar
le séjour living room
le canapé settee
se trouver stand

cela = ça
demander ask
le marchand trader
l'antiquité (f) antique
ne ... jamais never

la valeur value
garder keep

la chose thing
la cruche jug

123

Monsieur Roussel s'en va le long de la rue. Deux cent cinquante francs, c'est beaucoup. Mais si la lampe est de valeur? Et deux lampes pareilles, cela doit avoir encore plus de valeur! Il fait demi-tour...

si if
doit must

«Monsieur... la lampe... vous avez dit: deux cent cinquante francs. Alors... je vous donne deux cents!»

«Ah non, monsieur! Moi, j'ai payé deux cents francs!»

«Eh bien, je vous donne deux cent vingt.»

«Alors... je suis un imbécile, c'est ridicule, ce que je fais, mais je vous donne la lampe pour deux cent vingt francs. Voilà...»

Monsieur Roussel prend la lampe, bien emballée, et rentre à la maison. A sa femme, qui vient lui dire «bonsoir» dans le vestibule, il dit:

bien emballé well wrapped-up

«Chérie, j'ai quelque chose pour toi, quelque chose de valeur, quelque chose de très joli—parce que c'est aujourd'hui ton anniversaire. Voilà!»

parce que because

«Ah, que tu es gentil!» Sa femme prend le paquet et l'embrasse. Soudain il remarque le bracelet en or à son bras.

soudain suddenly
remarquer notice
en or gold

«Tiens,» dit-il, «c'est nouveau, ce bracelet? Il est joli!»

«Oui,» répond sa femme, «c'est un petit cadeau d'anniversaire. Je l'ai acheté moi-même. Et il ne m'a rien coûté!»

moi-même myself

«Rien, chérie? Comment rien?»

«C'est-à-dire, il n'a coûté que cinquante-cinq francs. Mais j'ai vendu cette vieille lampe de la table du séjour. Je n'ai jamais aimé cette lampe-là. Et tu sais, chéri, le marchand m'a donné cinquante francs. Au marché. Cinquante francs! C'est un imbécile, cet homme-là!»

vendre sell

a Qu'est-ce que Monsieur Roussel cherche?
Qu'est-ce qu'il trouve? Où la trouve-t-il?
Qu'est-ce qu'elle coûte?
Qu'est-ce que Monsieur Roussel paye enfin?
Qu'est-ce que sa femme à acheté?
Où a-t-elle trouvé l'argent?

b Why does Monsieur Roussel change his mind about buying the lamp?
Why won't the man accept 200 francs?
Why doesn't Madame Roussel recognize the lamp when she's given it?
Why, apart from the question of money, is Madame Roussel going to be especially displeased when she sees the lamp?
How much are the Roussels out of pocket all together?

Complétez:

C'est un cadeau pour sa femme, qui ……
Il a trouvé une lampe qui ……
Il y a une autre table, qui ……
Vous avez là un objet qui ……
C'est aussi un objet qui ……
Dans le vestibule, voilà sa femme qui ……
J'ai vendu cette lampe qui ……

  Voilà ce que j'ai oublié!

— Tu as oublié quelque chose?
— Zut! Ce que j'ai oublié, c'est  le pain.

A gauche de, à droite de, sur, derrière ... le canapé

Quelle table préférez-vous?   — La table qui ......

Quelle femme
Quelle lampe
Quel téléphone
Quel pot
Quel homme

C'est ton anniversaire!

C'est un cadeau?
Ce doit être quelque chose de  curieux.

... et quoi d'autre?

Composition

Listen to the version of the story that goes with these pictures *twice*, then write it.

exactement ce qu'il me faut
cadeau d'anniversaire
exactement pareille
la table du séjour

demande
le marchand
une occasion

j'ai payé deux cents francs
je vous donne deux cent vingt

un imbécile
bien emballée
rentre

ce bracelet
je l'ai acheté moi-même

cinquante-cinq francs
j'ai vendu
cet homme-là

«Cette lampe-là, c'est exactment ce qu'il me faut,» dit Monsieur Roussel. Il cherche un cadeau d'anniversaire pour sa femme. Et cette lampe est exactement pareille à la lampe sur la petite table du séjour à la maison.

«Cela coûte combien, la lampe, monsieur?» demande Monsieur Roussel.
«Deux cent cinquante francs,» répond le marchand. «C'est une occasion.»
«Ça, c'est beaucoup trop cher pour moi,» dit Monsieur Roussel.

«Je vous donne deux cents francs,» dit-il.
«Ah non, monsieur,» dit le marchand. «Moi, j'ai payé deux cents francs.»
«Eh bien,» dit Monsieur Roussel, «je vous donne deux cent vingt.»

«Bon, je suis un imbécile, mais je vous donne la lampe à deux cent vingt,» dit le marchand.
Monsieur Roussel prend la lampe, bien emballée, et rentre à la maison.

«Voilà ton cadeau,» dit-il à sa femme. «Mais . . . ce bracelet, c'est nouveau?»
«Oui, je l'ai acheté moi-même,» répond-elle. «Mais il n'a rien coûté.»
«Rien?»

«C'est-à-dire . . . cinquante-cinq francs. Mais j'ai vendu la vieille lampe de la table du séjour. Le marchand m'a donné cinquante francs! C'est un imbécile, cet homme-là!»

128

unit 43

Listen to the dialogue and follow in the text; then read the text and the estate agent's advertisement to yourself. Then answer the question.

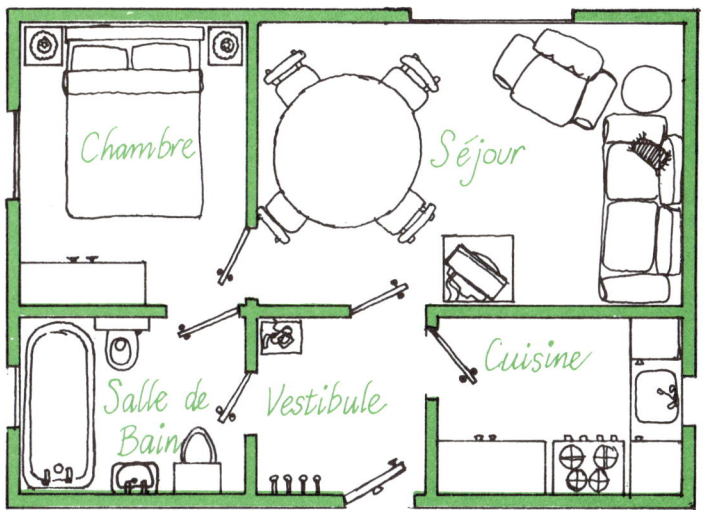

 Appartement à louer

A flat-owner is showing an estate agent around the furnished flat he hopes to let.

— Comme vous voyez, c'est le vestibule. Il est assez petit.
— Ah oui, le vestibule. Et là, c'est le séjour?
— Oui, c'est la plus grande pièce de l'appartement. Et la seule pièce qui donne sur la rue. **grand** big; great
 la pièce room
— Et vous avez un canapé . . .
— Oui, c'est un canapé que ma femme a acheté au marché. Il n'est pas très joli.
— . . . deux petites tables, une grande table avec quatre chaises . . . **la chaise** chair
— Tous les meubles que nous possédons sont assez vieux. **les meubles** (m) furniture
— Oui oui, ça ne fait rien. Et la télévision . . . **posséder** possess; own
— . . . qui ne marche pas! **ça ne fait rien** that doesn't matter
— Et un fauteuil . . .
— C'est un fauteuil que ma femme a acheté au marché. Elle a acheté presque tous nos meubles au marché.
— Et ça, c'est la cuisine? **la cuisine** kitchen
— Oui. On ne voit pas très bien dans la cuisine—la

fenêtre est très petite et elle donne sur un supermarché.
— Et les chambres?
— Il n'y a qu'une chambre. La voilà.
— Un grand lit . . .
— Qui n'est pas très confortable.
— . . . une armoire . . .
— Que je trouve hideuse.
— . . . deux tables de nuit avec deux lampes—curieuses.
— Oui, elles non plus ne sont pas très jolies. Ma femme aime les occasions, vous savez.
— Et ça, c'est la salle de bain?
— Oui, elle date de dix-neuf cent trente. Vous voulez la voir?
— Non merci, monsieur. J'ai vu ce qu'il faut voir. C'est un appartement très agréable!

la fenêtre window

le lit bed

l'armoire (f) wardrobe
hideux (f: -se) hideous

non plus either; neither

Look at the advertisement that the estate agent produced for this flat and explain (in English) to what extent each item can be said to be justified or unjustified.

louer let
comportant comprising
la vue view
ombragé shaded
le sanitaire bathroom equipment

Appartement très agréable à louer

    comportant
vestibule spacieux
séjour vaste, vue superbe,
    avec
    canapé élégant,
    tables, chaises antiques,
    télévision,
    fauteuils
jolie *cuisine* ombragée
chambre somptueuse
    avec belle armoire et
    lampes décoratives de très
        grande valeur
sanitaire moderne

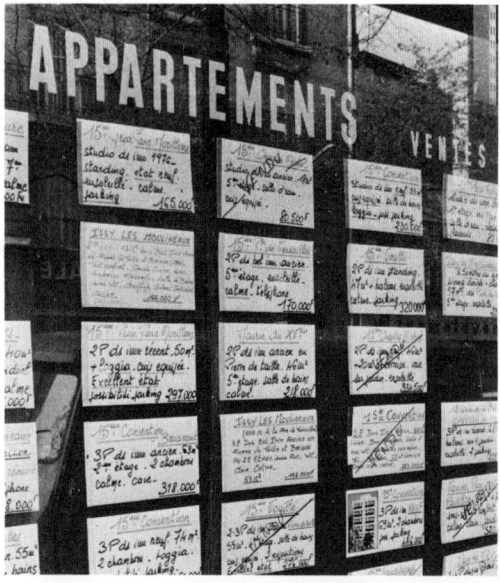

Décrivez votre appartement

— Le vestibule est ……
— Tous les meubles sont ……
— Le canapé n'est pas ……
— La fenêtre de la cuisine est ……
— Le lit n'est pas ……
— L'armoire est ……
— Les deux lampes sont ……

— Il est ……? Ça ne fait rien.
— Ils sont ……? Ça ne fait rien.
— …… ……

Qui ou que?

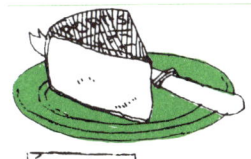
C'est le fromage …… j'ai acheté à l'épicerie.

C'est l'épicerie …… se trouve près de l'hôtel St. Jacques.

C'est l'hôtel …… a une chambre libre.

C'est la chambre …… on va retenir pour Mme Hatinguais.

C'est Mme Hatinguais …… arrive par le train de 10 heures 30.

C'est le train …… vous allez prendre demain.

Qu'est-ce que c'est?

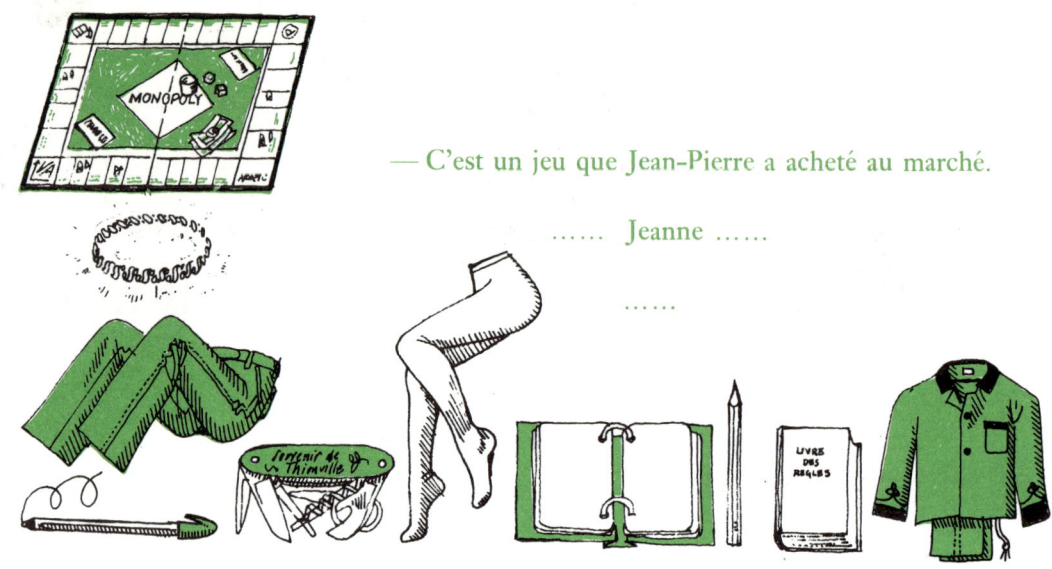

— C'est un jeu que Jean-Pierre a acheté au marché.

...... Jeanne ......

......

unit 44

 Nothing I suggest is right

On peut se lever à — Non, je veux le faire plus tard, à ......

prendre le petit déjeuner à

aller se promener à

manger à

aller voir ta mère à

rentrer à

Les garçons...    **Mais les filles...**

Ils veulent partir à neuf heures   Elles veulent partir à

aller à Fontainebleau   ...... Versailles

prendre le train   ......

faire un pique-nique   ......

boire de la bière   ......

jouer au football   ......

aller au cinéma   ......

rentrer à minuit   ......

133

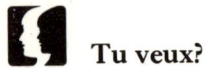 **Tu veux?**

— Tu veux	sortir ce soir? sortir avec moi ce soir? aller à la discothèque? écouter des disques? danser? danser avec moi? prendre un Dubonnet? prendre encore un Dubonnet? rentrer chez toi dans ma voiture? m'embrasser? 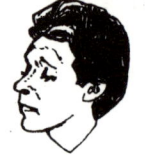	— Oui, je veux bien. — Non, je ne veux pas. — Mais non, je ne peux pas. 

Qu'est-ce que tu veux faire?

Il pleut.  — Je veux aller au cinéma.

— Je veux ……

— ……

Permute!

(You *could* form 81 sentences if you tried!)

Je veux Il veut Tu veux Marie veut Nous voulons Elles veulent Jean-Claude veut Ces hommes-là veulent Vous voulez	quelque chose de	beau grand joli petit élégant moderne confortable nouveau vert

Changez le mois

Il ne peut jamais venir en janvier.
Michel ne peut jamais venir ……
Je ne peux ……
Marie ne peut ……
Ils ne peuvent ……
Vous ne pouvez ……

Elles ne peuvent ……
Ton frère ne peut ……
Leurs femmes ne peuvent……
Tu ne peux……
Nous ne pouvons……
Nicole ne peut……

What can you add?

Ce que je n'aime pas du tout, c'est sa robe … son pull
… et quoi encore?

Ce qui est très élégant dans cet appartement, c'est le canapé …
la lampe … et quoi encore?

Ce que j'aime manger, c'est du porc … des champignons …
et quoi encore?

Ce qui est insupportable, c'est le vent … les hommes …
et quoi encore?

unit 45 revision

Grammar

1. vouloir—*to want, to like*   pouvoir—*to be able, can*

je **veux**	nous **voulons**	je **peux**	nous **pouvons**
tu **veux**	vous **voulez**	tu **peux**	vous **pouvez**
il **veut**	ils **veulent**	il **peut**	ils **peuvent**

   Note especially the **ils** form of these two irregular verbs. Pouvoir has a special **je** form used in the inverted question:

   puis-je?

   and is sometimes found in the negative without a **pas**:

   il ne peut partir.

   We have also met the forms

   je voudrais   **il voudrait**   **vous voudriez**

   meaning *I (he, you) would like*.

2. un objet qui est de très grande valeur
   une armoire que je trouve hideuse

   Qui and **que** mean *who, which, that*. Both can refer to people and to things. **Qui** is the subject and is followed by a verb:

   . . . qui est . . .

   Que is the object and is followed by a subject + verb:

   . . . que je trouve . . .

   Don't confuse these two with the question words **qui?** (*who?*—always people) and **que?** (*what?*—always things).

   il dit qu'il vient à pied

   Que meaning *that* can also be used to join two clauses together.

3. ce qui est difficile, c'est . . .
   ce que j'aime, c'est . . .

   Ce qui and **ce que** mean *what*.

   Ce qui is the subject and is followed by a verb:
   ce qui est . . .

   Ce que is the object and is followed by subject + verb:
   ce que j'aime . . .

le cadeau present
l'anniversaire (m) birthday
le marché market
le séjour living room
le canapé settee; sofa
le football football
l'imbécile (m) idiot
le vestibule hall (of flat)
le paquet parcel
le bracelet bracelet
le marchand trader
l'appartement (m) flat
les meubles (m) furniture
le fauteuil armchair
le lit bed
le sanitaire bathroom equipment

la lampe lamp
la valeur value
la chose thing
l'antiquité antique
la cruche jug
la (jeune) fille girl
la pièce room
la chaise chair
la cuisine kitchen
la fenêtre window
l'armoire (f) wardrobe
la table de nuit bedside table
la vue view

demander ask
il me faut I need
se trouver be situated; stand
garder keep
intéresser interest
il doit être it must be
emballer wrap up
remarquer notice
vendre sell
louer rent
donner sur look out on
ça ne fait rien that doesn't matter
dater de date from
comportant comprising
posséder own

partout everywhere
pareil (f: -lle) similar; same

4 A further meaning of **falloir** (*must*) is *to need*:

il faut partir—*one (we, etc.) must go*
ce qu'il faut, c'est...—*what we need is...*
il me faut de l'argent—*I need money*

5 un article cher   une robe chère
    un objet décoratif   une lampe décorative
    un canapé hideux   une armoire hideuse
    un lit pareil   une chose pareille
    un bon ami   une bonne amie

-er	-ère
-if	-ive

Adjectives ending **-x** have the feminine ending **-se**

| -eil | -eille |
| -on | -onne |

6 quelque chose de joli—*something pretty*

Note the **de** and the masculine adjective (in spite of the fact that **chose** is feminine).

7 «Oui,» dit Monsieur Roussel. (*...says Monsieur R*)
«Pourquoi?» demande-t-il. (*...he asks*)

Notice that inversion of the 'saying' verb after direct speech, which sometimes occurs in English, is obligatory in French.

8 il ne peut jamais venir

ne...jamais, *never*, is another negative construction like **ne...rien**.

a (**pouvoir**, present)

Jean ne ...... pas vendre son appartement.
Je ...... emballer le paquet si vous voulez.
Anne-Marie ...... garder la lampe.
Nous ne ...... pas louer la maison.
Les femmes ...... être insupportables.
......-tu me donner dix francs?
Vous ...... prendre le car.

b (**vouloir**, present)

On ...... voir Monsieur Giscard!
Je ...... deux billets s'il vous plaît.
Elles ...... partir maintenant?
......-vous emballer le paquet, s'il vous plaît.
Tu ne ...... pas d'argent?
Alain ...... s'installer dans mon appartement.
Nous ...... attendre quelques instants.

c Écrivez et complétez

Lundi matin il faut te lever ......
Pour avoir du pain il faut aller ......
Ce qu'il me faut, c'est ......

Faut-il prendre le train ......?
Il faut avoir de l'argent pour ......
Il ne faut pas manger ......

rare *rare*
enfin! *come on!*
si *if*
cela *that (less casual than* ça)
parce que *because*
soudain *suddenly*
en or *gold(en)*
moi-même *myself*
confortable *comfortable*
hideux (f: -se) *hideous*
agréable *pleasant*
spacieux *spacious*
vaste *vast*
élégant *elegant*
antique *antique*
ombragé *shaded*
somptueux (f: -se) *sumptuous*
décoratif (f: -ve) *ornamental*
moderne *modern*
insupportable *unbearable*
quoi encore? *what else*
non plus *either; neither*

137

d Qui ou que?

Elle a une maison …… est très agréable.
Voilà le pull …… je préfère.
Il y a deux fenêtres …… donnent sur la rue.
C'est là le vin …… je vais boire.
C'est le seul objet …… il a remarqué.
Le canapé …… ma femme a acheté est dans le séjour.
C'est le vestibule …… est la plus grande pièce de l'appartement.
Tous les meubles …… nous possédons sont hideux!
C'est toi …… m'intéresses.
Où est le paquet …… j'ai emballé?

e Change the adjective for the one suggested, in its correct form and place

Voilà une belle armoire	(hideux)
la troisième voiture	(premier)
une lampe bleue	(pareil)
une personne sympathique	(heureux)
des poires jaunes	(cher)
une maison superbe	(bon)
une question difficile	(curieux)
une jolie table	(décoratif)
des femmes contentes	(furieux)

f Ce qui ou ce que?

…… est insupportable, c'est qu'il embrasse ma femme!
…… elle dit est très intéressant.
Je ne vois pas …… vous trouvez difficile.
Voilà …… m'intéresse.
Je ne sais pas …… il veut dire.
Je pense à …… je peux faire.

unit 46

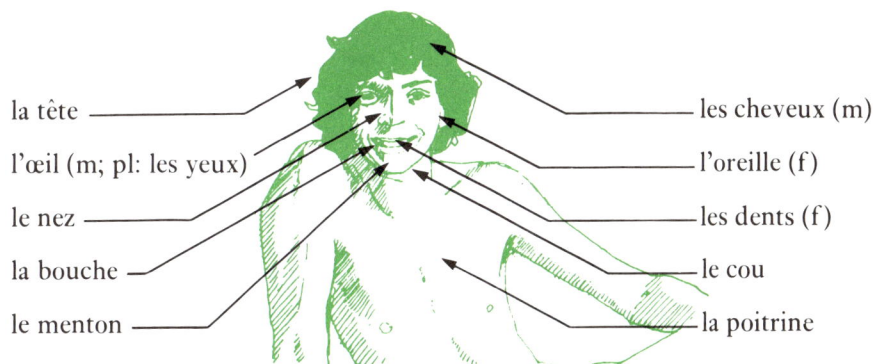

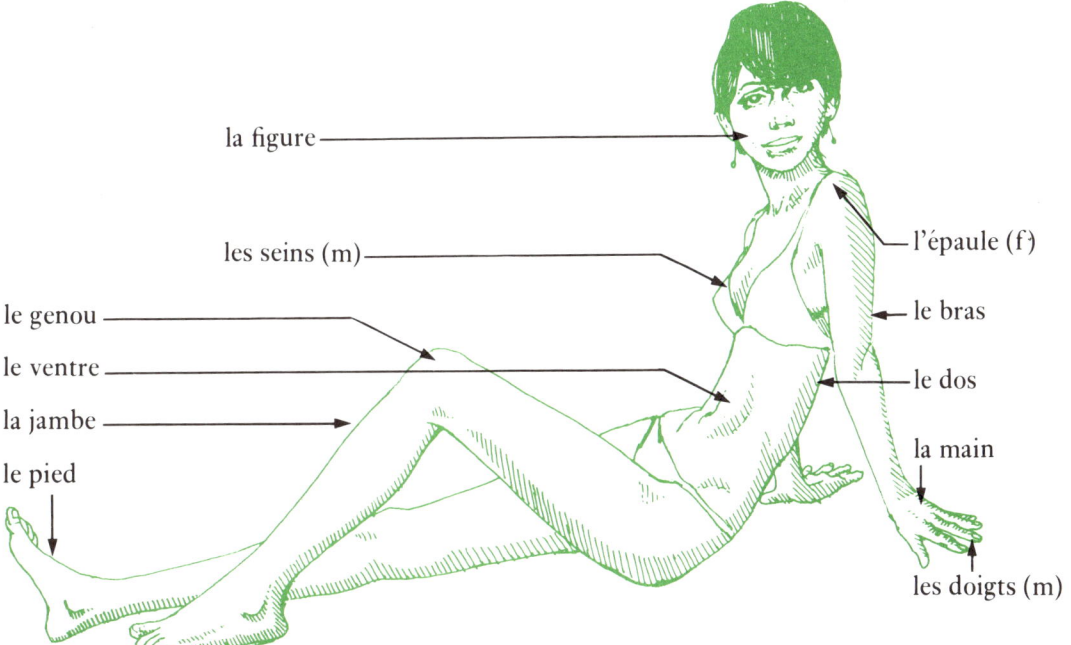

A desperate case!

Listen to the dialogue, read through the vocabulary and the questions, listen to the dialogue again, then answer the questions in writing in French.
Then check your answers against the text of the dialogue overleaf.

mon Dieu my goodness
souffrir suffer
avoir mal à ... have a pain in ...
sûr sure
dommage a pity
l'aspirine (f) aspirin

Questions:

Où exactement a-t-il mal, le malade? (une liste s.v.p.!)
Où n'a-t-il pas mal?
Quelle est l'ordonnance du médecin?

— Bonjour, docteur.
— Bonjour. Asseyez-vous. Qu'est-ce que c'est?
— Ah, mon Dieu, docteur, je souffre!
— Ah oui, vous souffrez. Alors, qu'est-ce que c'est?
— J'ai mal à la jambe.
— A la jambe?
— Oui. Et au pied.
— Mal au pied?
— Oui. Et au dos.
— Mal au dos, à la jambe et au pied.
— Oui, docteur. Oh, je souffre, je souffre. Et j'ai mal au ventre aussi. Et au bras.
— Mal au ventre et au bras . . .
— Au bras gauche.
— Seulement au bras gauche, pas au bras droit?
— Non, seulement au bras gauche.
— C'est tout?
— Non, j'ai mal à l'épaule aussi. L'épaule gauche.
— Et vous souffrez.
— Ah oui, je souffre.
— Vous n'avez pas mal à la tête?
— Non. Non.
— Vous êtes sûr?
— Mal à la tête? Non, je n'ai pas mal à la tête.
— Ah, dommage!
— Comment, dommage?
— J'ai un tube d'aspirine ici. C'est très bien pour le mal de tête!

Washday

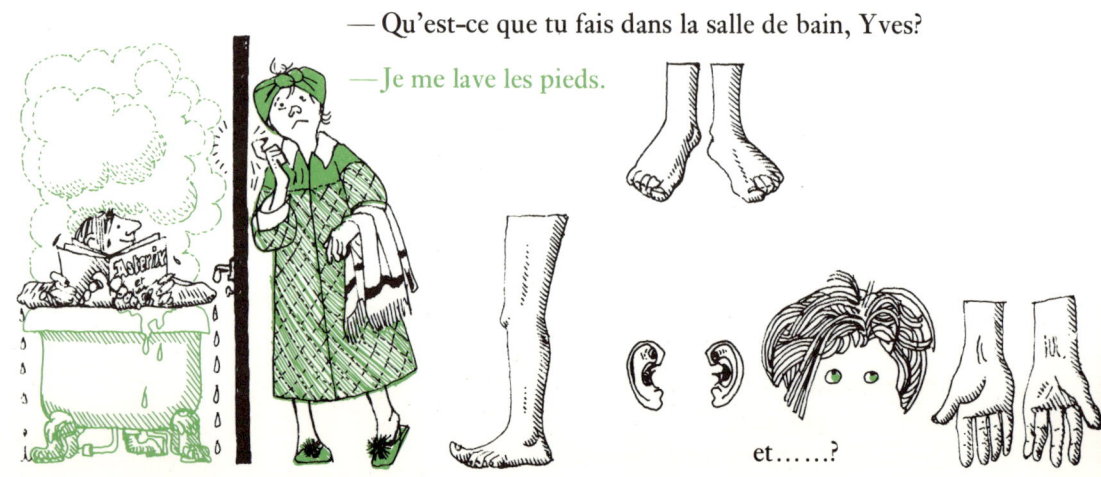

— Qu'est-ce que tu fais dans la salle de bain, Yves?
— Je me lave les pieds.

et……?

Vous êtes Mme de Milo et ses amis. Répondez!

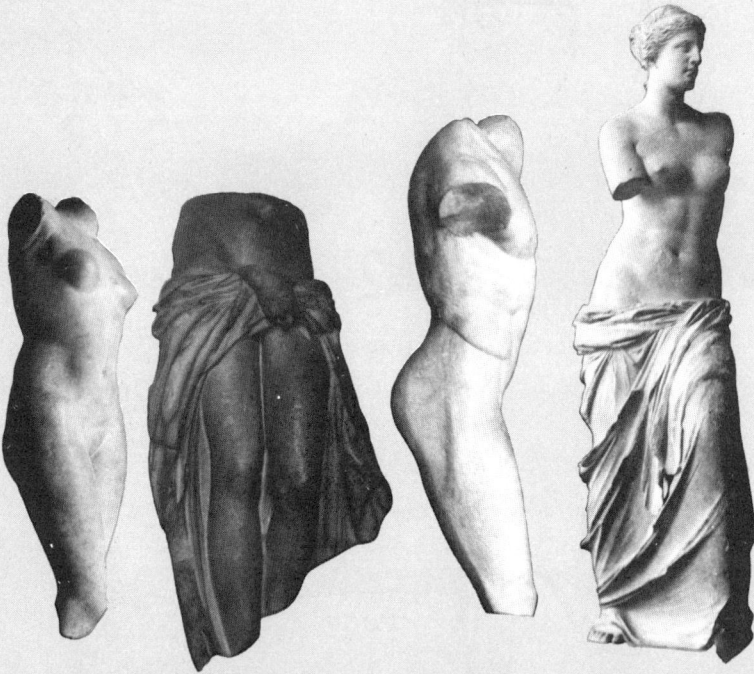

— Oui madame, vous avez perdu quelque chose?
— C'est ça, monsieur, j'ai perdu mon ……
   ……
   ……

— Et vous, monsieur? Vous avez perdu ……?
   ……

Moi, j'ai trouvé quelque chose!

 **Beware the mad surgeon!**

Docteur, docteur, j'ai mal au doigt.

— Quel dommage! Eh bien, je vous coupe le doigt!

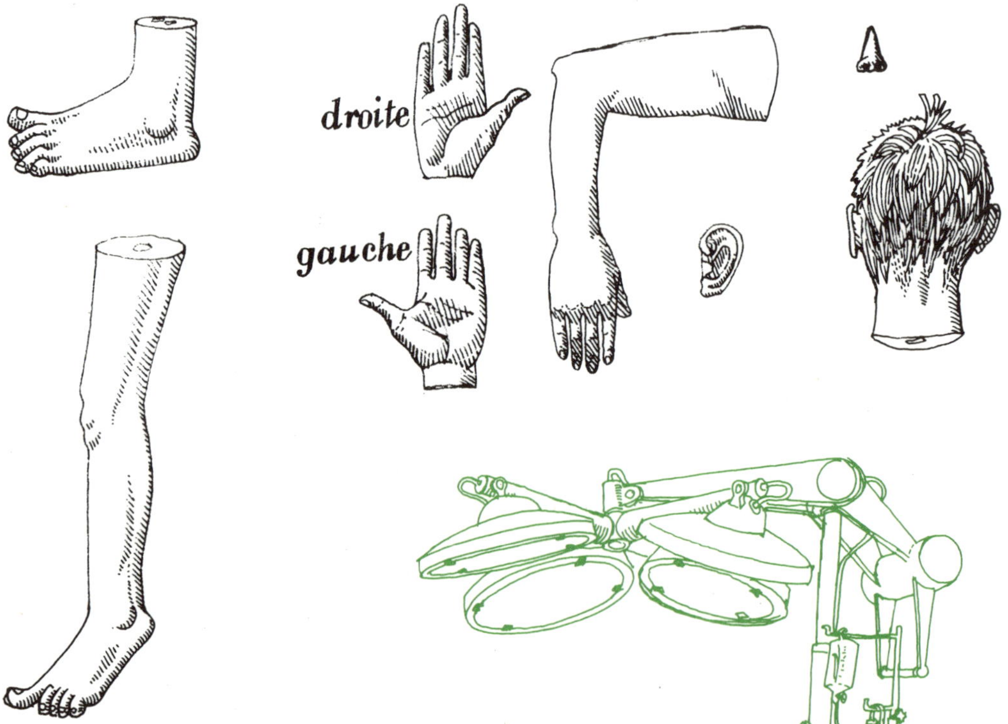

droite

gauche

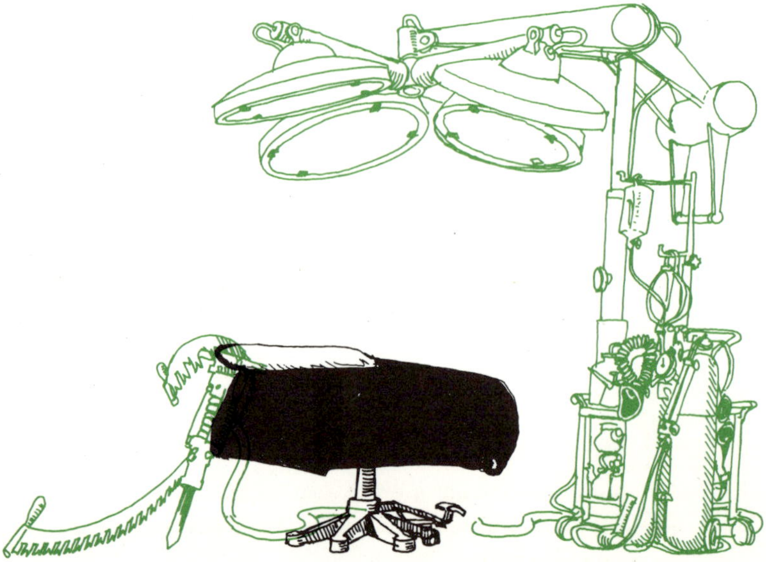

unit 47
Demain soir on dîne chez Oscar

Listen to the conversation twice, following it in your books. Then listen to M. Oscar's side of the conversation only, supplying your answers from the book. Finally go through the conversation again, supplying your answers without looking at the book.

— Allô.
— Bonjour monsieur, je suis bien «Chez Oscar»?
— Oui monsieur, à votre service.
— Je veux réserver une table, s'il vous plaît.
— Oui monsieur, c'est pour quand?
— Pour demain soir.
— Oui, et à quelle heure?
— A huit heures et demie.
— Très bien, monsieur. C'est pour combien de personnes?
— Pour quatre personnes.
— Eh bien, une table pour quatre personnes demain soir à huit heures et demie. Vous préférez la terrasse ou la salle?   **la salle** (*here*) inside
— La terrasse s'il vous plaît.
— Et à quel nom?   **le nom** name
— Dupont.
— Un instant, Monsieur Dupont. Ne quittez pas . . . allô?   **ne quittez pas** hold on
— Oui.
— Bien monsieur, je vous ai réservé la table. On vous attend demain soir à huit heures et demie. Au revoir monsieur.
— Au revoir et merci.

This is a public phone box in France, called **un taxiphone**. Read the instructions, using the vocabulary given and guessing intelligently at the words you don't know, and then give as detailed an account as you can, in English, of how to make a call.

l'appareil (m) 'apparatus'; phone
reçoit takes
la pièce coin
la carte de taxation map of phone charges
ci-contre opposite
la monnaie change
décrocher unhook; remove
le combiné receiver
appeler call
surveiller keep an eye on
le cadran dial

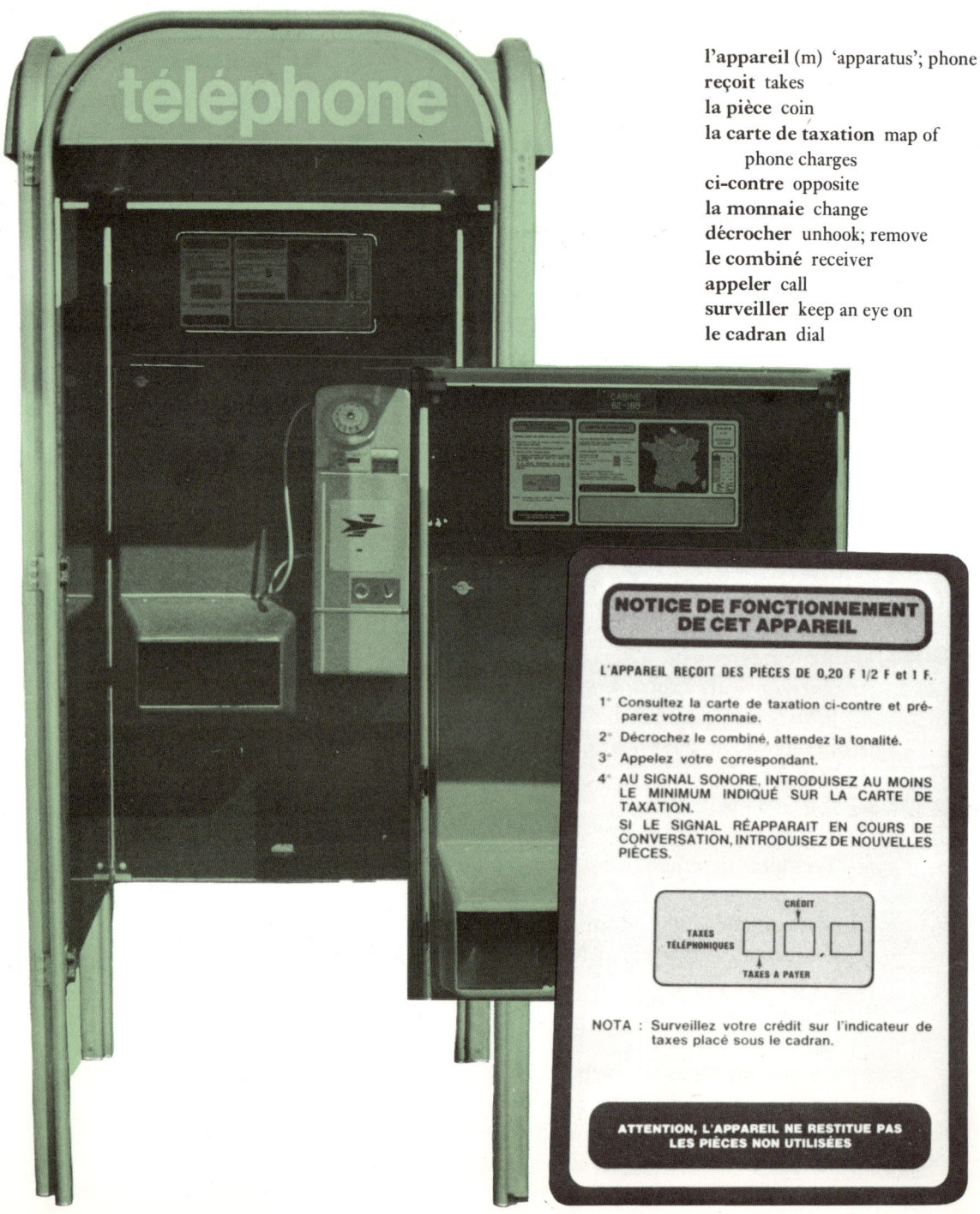

NOTICE DE FONCTIONNEMENT DE CET APPAREIL

L'APPAREIL REÇOIT DES PIÈCES DE 0,20 F 1/2 F et 1 F.

1° Consultez la carte de taxation ci-contre et préparez votre monnaie.
2° Décrochez le combiné, attendez la tonalité.
3° Appelez votre correspondant.
4° AU SIGNAL SONORE, INTRODUISEZ AU MOINS LE MINIMUM INDIQUÉ SUR LA CARTE DE TAXATION.
SI LE SIGNAL RÉAPPARAIT EN COURS DE CONVERSATION, INTRODUISEZ DE NOUVELLES PIÈCES.

NOTA : Surveillez votre crédit sur l'indicateur de taxes placé sous le cadran.

ATTENTION, L'APPAREIL NE RESTITUE PAS LES PIÈCES NON UTILISÉES

Answer yes, a little impatiently, to these questions

Vous m'attendez?   — Oui oui oui, je vous attends.

Tu me paies? — Oui oui oui, je te paie.

Vous m'aidez?   Tu me réponds?
Tu m'aimes?   Vous me regardez?
Vous m'excusez?   Tu me vois?
Tu m'embrasses?   Vous me trouvez beau?
Vous me cherchez?

 Reassure your fellow spy!

On nous attend! — Non, on ne nous attend pas!
On nous cherche! — Non, on ……
On nous voit!
On nous regarde!
On nous attaque!
On nous prend!
On nous tient!

Appelez Monsieur Oscar!

a You want a table for two, inside, for 9 p.m. on Monday evening.

b You want one table for three people and another for four, both on the terrace, for Tuesday evening at 9.30.

145

unit 48

Fill 'em up!

Je remplis 　　Pierre et Marianne remplissent

Votre femme remplit　　Vous remplissez

Tu remplis 　　Nous remplissons

Finish 'em off!

Albert finit son déjeuner?　　Vous ……  ?

Tu ……  ?　　Je ……  ?

Nous ……  ?　　Les amis de Gaston ……  ?

A toi de choisir!

Qu'est-ce que tu choisis?   Et Paule?   Et tes frères?

Je choisis le gros melon.

Et toi et ta mère?   Et moi?

Choisi? rempli? fini?

Et le verre?—Je l'ai……   Et l'article?
Et ton petit déjeuner?   Et ton gros sac?
Et le plus bel appartement?   Et ce joli bracelet-là?

On a ouvert, couvert, découvert, offert, souffert

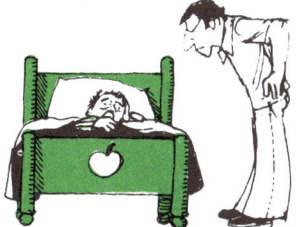

Monsieur Claudel: Tu as ……?
Nicolas: Oui papa, j'ai beaucoup ……
Monsieur Claudel: Et pourquoi?
Nicolas: Jean et Claude ont …… à la cave une caisse de tes pommes vertes.
Monsieur Claudel: Ils ont……mes pommes! Mais j'ai …… la caisse d'un tapis!
Nicolas: Oui, mais ils ont …… les pommes quand même.
Monsieur Claudel: Et ensuite on a …… la caisse?
Nicolas: Oui, Jean a …… la caisse et Claude m'a …… des pommes. Des pommes vertes! Et comme j'ai …… ensuite! Euh!

unit 49 revision

Grammar

1. **remplir**—*to fill*

je **remplis**	nous **remplissons**
tu **remplis**	vous **remplissez**
il **remplit**	ils **remplissent**

   Imperative: **remplis, remplissons, remplissez!**

   Perfect: **j'ai rempli**

   Nine out of ten French verbs have infinitives that end in **-er**, and they follow the pattern of **porter**. However, quite a large group (about 150 in all) follow the **-dre** pattern that we have already met, and a further large group of about 350 verbs follow the **-ir** pattern, like **remplir** above.

2. **couvrir**—*to cover*

je **couvre**	nous **couvrons**
tu **couvres**	vous **couvrez**
il **couvre**	ils **couvrent**

   A very small group of common **-ir** verbs behave like **-er** verbs in the present. We have met **ouvrir, offrir, souffrir** and **découvrir**. Their past participles end in **-ert**: **j'ai couvert**

3. Direct object pronouns

	me	*me, myself*		
	te	*you, yourself*		
le	*him, it*		**se**	*himself, herself, itself*
la	*her, it*			
	nous	*us, ourselves*		
	vous	*you, yourself, yourselves*		
les	*them*		**se**	*themselves*

   me, te, nous, vous are the same for both the ordinary object (*me* etc.) and the reflexive object (*myself* etc.)

   vous me regardez
   me regardez-vous?

   They come in front of the verb.

le ventre stomach
le pied foot
les cheveux (m) hair
le cou neck
le menton chin
le nez nose
l'œil (pl: **yeux**) (m) eye
le doigt finger
le dos back
le sein breast
le genou knee
le docteur; le médecin doctor
le tube tube
le tapis cloth; cover
le musée museum
le mal de tête headache
le malade patient
le nom name
le taxiphone call box
l'appareil (m) apparatus; phone
le combiné receiver
le cadran dial
le service service

la figure face
la tête head
l'oreille (f) ear
la dent tooth
la poitrine chest
la bouche mouth
la jambe leg
la main hand
l'épaule (f) shoulder
l'ordonnance (f) prescription
la carte map
la taxation charging
la cave cellar
la caisse case; box
l'aspirine (f) aspirin
la pièce coin
la monnaie change

souffrir suffer
avoir mal à have a pain in
laver wash

je t'aime

me, te, le, la and **se** lose their vowel and become **m'** etc. before a verb beginning with a vowel.

je ne t'aime pas

The object pronouns come after the **ne** of a negative.

je ne t'ai jamais aimé

In the perfect they come in front of the auxiliary verb (the part of **avoir**) and *not* in front of the past participle (**aimé**).

4 je me lave les mains

In this type of sentence where the part of the body belongs to the subject of the sentence, possession is often shown by the reflexive pronoun (**me, te, se** etc) rather than by **mon, ma, mes** etc.

ne quittez pas hold on (*phone*)
attaquer attack
finir finish
choisir choose
découvrir discover
recevoir (il reçoit) receive; take
décrocher unhook
appeler call
surveiller keep an eye on

mon Dieu my goodness
sûr sure
dommage! a pity
allô hello!
ci-contre opposite
c'est ça that's right
quand même all the same

a Put into the perfect

Il découvre la valise.
On finit le goûter.
Nous trouvons l'ordonnance.
Elle couvre le lit.
Ils ne souffrent pas.
J'attends le bus.
Tu remplis le pot?
Vous offrez un cadeau?
Elle porte un collant bleu.
Il ouvre la fenêtre.

b Add the verb in the present and complete the sentence

Pierre (chercher) ......
Le vieux monsieur élégant (remplir) ......
Nous (choisir) ......
La jolie femme (attendre) ......
Nos amis (offrir) ......
Elles (finir) ......
Vous (remplir) ......
Vous (ouvrir) ......

c Je me lave les mains.

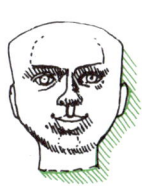 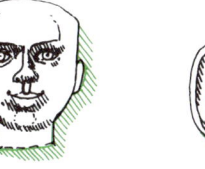  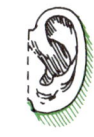 

Et lui?   Et elle?   Et nous?

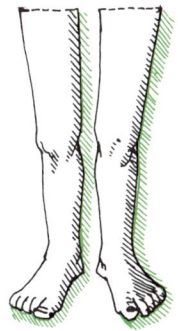 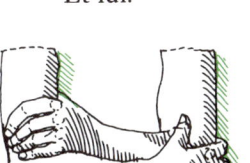 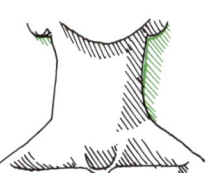 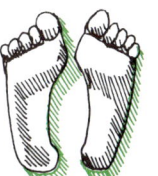

Et elles?   Et moi?   Et Monique?   Et les garçons?

d Elle t'aime?
— Non, elle ne m'......
Elle vous voit?
— Non, elle ne ......

Elle nous trouve?
Elle te répond?
Elle les vend?
Elle la remplit?
Elle le veut?
Elle me retient?
Elle nous quitte?

e Put into the perfect

Ils ne vous regardent pas.
Ils ne le perdent pas.
Ils ne l'ouvrent pas.
Ils ne te choisissent pas.
Ils ne me découvrent pas.
Ils ne les prennent pas.

f Qu'est-ce qu'on vend dans une parfumerie?
Traduisez l'affiche!
Avez-vous jamais offert un parfum? A qui?

traduire translate
dernier last

DOCTEUR
ANDRÉ DELFOSSE
MÉDECINE GÉNÉRALE

CONSULTATIONS de 10h à 17h les MARDI et SAMEDI
De 13h à 17h LES LUNDI MERCREDI VENDREDI
POUR LES VISITES A DOMICILE VEUILLEZ TÉLÉPHONER
au 06 05 54

DOCTEUR P. GRUNEWALD

Chirurgien Dentiste
de la Faculté de Paris V

OUVERT TOUS LES JOURS

FRANÇOIS BLARINGHEM

DOCTEUR VÉTÉRINAIRE

CONSULTATIONS
CHAQUE JOUR de 13h 30 à 16 h
ET SUR RENDEZ-VOUS

Vous avez mal à la jambe. Quel docteur allez-vous consulter?
Vous voulez consulter le docteur Blaringhem à cinq heures de l'après-midi. C'est possible?
Vous consultez le docteur Grunewald. Où avez-vous mal?
Quels docteurs peut-on consulter dans leur cabinet de consultation le mardi?
Vous voulez que le docteur Delfosse vous visite à la maison. Qu'est-ce que vous faites?

veuillez kindly
le cabinet de consultation surgery
chaque each
tous les every

150

unit 50

un bureau de poste   un timbre   une pièce de cinq francs

un carnet de timbres   une queue   une boîte aux lettres

Never rely on your kid brother

Listen to each section of the conversation twice and then answer these questions in English:

Section 1. Why does the girl think they'll have to go to the post office?
What other reason does her brother give?
What do they argue about?
Who knows where the nearest post office is?
How?

Section 2. Why don't they buy a stamp from the machine?
Or a book of stamps?
Who chooses which queue they join?
How long does the girl expect to wait?

Section 3. How long do they wait?
What is the price of the stamp?
What problem does the boy discover when he comes to post the letter?

Now turn over, work through the printed text carefully and then answer the questions that follow it, in French.

151

La Sœur:	—Ah ça alors! Regarde donc—il est déjà cinq heures et demie! La levée est faite. Il faut aller au bureau de poste.	**la levée** (postal) collection **fait** made; gone
Le Frère:	— Il faut de toute façon aller au bureau de poste—je n'ai pas de timbre!	**de toute façon** in any case
	— Ah ça alors! Pas de timbre! Tu es un imbécile! Tu es encore plus stupide que tes frères. Tu es le plus bête de tous!	**bête** idiotic
	— Il y a un bureau dans la rue Monge.	
	— Le bureau le plus proche est dans la rue Kléber—regarde, là! C'est écrit sur la boîte.	**proche** near
	— Je ne sais pas. Moi, je crois que le bureau dans la rue Kléber est un peu plus loin...	**croire** believe; think
	— Mais non, voyons!	
	— Il y a un autre bureau devant la gare.	
	— Ça, c'est le plus loin de tous! Tu ne sais rien, toi? Viens, on va rue Kléber...	

. . . . .

La Sœur:	— Tu as une pièce d'un franc pour la machine?	
	— Non—je n'ai pas d'argent sur moi.	
	— Ah, ça alors!	
	— On pourrait acheter un carnet de timbres.	**on pourrait** we could
	— Je n'ai pas assez d'argent. Et de toute façon il faut avoir une pièce de cinq francs pour acheter un carnet à la machine. Non, il va falloir faire la queue au guichet. Tu es vraiment impossible! (*Ils entrent dans le bureau*) Que de monde!	**que de** what a lot of
	— La queue là-bas est la plus courte.	**court** short
	— Mais non, bon Dieu. Elle est beaucoup plus longue que celle-ci.	
	— Tu crois?	
	— Mais oui, j'en suis sûre!	
	— Celle-ci est très longue aussi.	
	— Évidemment. Il faut attendre un quart d'heure pour acheter un timbre à un franc. Et à qui la faute? A toi qui as oublié le timbre!	**évidemment** obviously **à qui?** whose (is)? **la faute** fault

. . . . .

La Sœur:	— Un timbre à un franc s'il vous plaît.
L'Employé:	— Voilà, mademoiselle. C'est tout?
	— Oui, c'est tout. Merci monsieur.—Bon. Voilà ton timbre, petit imbécile. Cela nous a coûté vingt minutes! Alors, ne le perds pas!

Le Frère: — Je vais le coller sur l'enveloppe.   coller stick
— Ah oui? Pas sur ton nez? Bon, allons à la
boîte, on va se débarrasser enfin de ta lettre.   se débarrasser de get rid of
— Ah, ça alors!
— Qu'est-ce qu'il y a? Tu as perdu la lettre?   qu'est-ce qu'il y a what's the matter
— Non. Mais regarde la boîte à lettres—la
levée de 18 heures est faite—et c'est la dernière
levée aujourd'hui!

Pourquoi la jeune fille dit à son frère: «Tu es plus stupide que tes frères»—qu'est-ce qu'il a fait?
Est-ce que le bureau de poste de la rue Monge est le plus loin?
Quel est le plus proche des trois bureaux de poste?
Quelle pièce faut-il avoir pour acheter un timbre à la machine?
Est-ce que le bureau de poste est vide?
Ils ont attendu combien de temps?
C'est quand, la dernière levée?

 Faites des comparaisons!

Quelle est la plus longue—la queue à gauche ou la queue à droite?

— La queue à droite est la plus longue.

...... grand

...... joli

...... vieux

...... élégant

...... cher

...... spacieux

...... moderne

Inventez des phrases!

à moi
— C'est à moi, la faute.

devant toi
derrière lui
à côté d'elle
chez nous
pour vous
avec eux
sans elles

Right first time!

Ce sont leurs chaussures?
— Oui oui, les chaussures sont à eux.

Ce sont tes enveloppes?
C'est mon anorak?
C'est le classeur de Jean?
Ce sont les manteaux de Jeanne et de Marie?
Ce sont nos livres?
Ce sont les timbres de tes frères?
C'est la voiture d'Hélène?

à moi! = help!

A moi le lion!   A moi! Le lion!

 Inventez des phrases!

— Je crois que j'ai de l'argent.
        je vais acheter une voiture.
        …… et quoi encore?

— Bon, on pourrait aller au cinéma.
        aller à Paris.
        ……

unit 51

Deux employés de la SNCF se disputent à la gare de Nevers

Émile: Un billet simple pour Amiens, ça coûte soixante et onze francs, mais un billet pour Nantes coûte soixante-dix-neuf francs. Ça, je ne le comprends pas.
Henri: Mais c'est évident. Nantes est plus loin qu'Amiens.
Émile: Mais ce n'est pas vrai. Amiens est à 385 kilomètres—Nantes n'est pas si loin que ça! Nantes est à moins de 350 kilomètres.
Henri: Mais non!
Émile: Et un billet pour Marseille coûte quatre-vingt-quinze francs. Tu veux dire que Marseille est encore plus loin qu'Amiens?
Henri: Mais oui! Marseille est plus loin que Nantes et beaucoup plus loin qu'Amiens.
Émile: Eh bien, je parie vingt francs que Nantes est plus loin que Marseille, et encore vingt francs qu'Amiens est le plus loin de tous!

comprendre understand

si so

parier bet

Which, if any, of his bets will Émile win? (The map is approximately to scale.)

voyages économiques en famille par le train

Billet de Famille

en from it
le conjoint husband or wife
les petits-enfants grandchildren
éventuellement if applicable
le père father
seulement only

Qui en profite ?

Vous, Madame. Vous, Monsieur. Vos parents, vos enfants et leurs conjoints, petits-enfants et conjoints et, éventuellement, les personnes qui sont à votre service.

Quelques exemples de groupes familiaux

père	mère	grand-mère	enfant 9 ans			Prix payé: **moins de 2 places 1/2**
1	1	1/4	1/8			

ou encore

mère	grand-père	grand-mère	enfant 13 ans	enfant 6 ans		Prix payé: **moins de 3 places**
1	1	1/4	1/4	1/8		
grand-père	mère	père	sœur de la mère	enfant 13 ans	enfant 9 ans	Prix payé: **moins de 3 places**
1	1	1/4	1/4	1/4	1/8	
père	mère	grand-père	grand-mère	enfant 15 ans	jeune fille de service	Prix payé: **seulement 3 places**
1	1	1/4	1/4	1/4	1/4	

et même pour une famille sans enfant

monsieur	madame	mère de madame	père de madame	père de monsieur		Prix payé: **3 places**
1	1	1/4	1/4	1/4		

156

On what principles* is the family ticket organized:

> Who pays full fare?
> Who pays one quarter fare?
> Who pays one eighth fare?

Work out the appropriate French text for the right-hand box for these combinations:

le fils son
la fille daughter

père	mère	fils 14 ans	fille 8 ans			
grand-mère	grand-père	père	frère du père	fils 9 ans	fille 8 ans	
monsieur	soeur de madame	jeune fille de service				
père	mère	enfant 15 ans	enfant 14 ans	enfant 13 ans	enfant 9 ans	

Work out how many seats your own family, travelling together, would pay for:

Ma famille:

* Solution overleaf, if you can't work it out!

157

Billet de Famille
Quel en est le principe?
Deux d'entre vous seulement paient plein tarif, et à partir de la 3ᵉ personne, vous ne payez plus que le quart du tarif, 1/8 si c'est un enfant de 4 à moins de 10 ans. Les enfants de moins de 4 ans voyagent de toute façon gratuitement.

en of it
d'entre vous of you
plein tarif full fare
à partir de from . . . on

Et votre famille?

— Avez-vous des sœurs?
　　　　　　des fils?
　　　　　　　des frères?
　　　　　　　　des filles?
　　　　　　　　　des grands-parents?
　　　　　　　　　　des enfants?
　　　　　　　　　　　des petits-enfants?
　　　　　　　　　　　　des cousins?
　　　　　　　　　　　　　des cousines?
　　　　　　　　　　　　　　des oncles?
　　　　　　　　　　　　　　　des tantes?
　　　　　　　　　　　　　　　　des maris?
　　　　　　　　　　　　　　　　　des femmes?

— Oui, j'en ai.
— Combien en avez-vous?
— J'en ai ……

— Non, je n'en ai pas.

 Décrivez-vous!

Describe yourself in continuous French.
Use these questions to help.

Comment vous vous appelez?
Quel âge avez-vous?
Avez-vous des sœurs, des frères, etc?
Êtes-vous grand, petit?
Vous êtes beau?
Où habitez-vous?
C'est une maison ou un appartement?
Avec combien de pièces? Et un jardin?

La famille d'Eustache

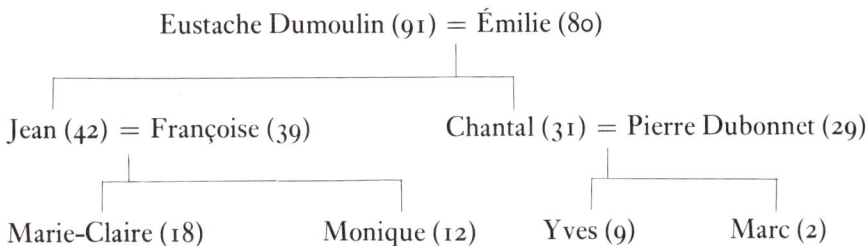

 Comment tu t'appelles?

Mon mari est très vieux et j'ai deux enfants mariés.
J'ai une cousine de dix-huit ans, et je suis très petit.
Ma sœur est plus jeune que moi et je n'ai pas de cousins.
Ma femme est plus vieille que moi.
Mon père est plus jeune que ma mère et mon frère est beaucoup plus vieux que moi.

 Tu es Yves—réponds:

Qui est Monique? — C'est ma cousine.	Quel âge a-t-elle? — Elle a douze ans.
Eustache? ……	……
Jean?	
Marc?	
Chantal?	
Françoise?	
Pierre?	
Émilie?	

unit 52

Ten for the Guinness Book of Records.

C'est un timbre très rare.
— Oui, c'est le timbre le plus rare du monde.

C'est un bébé très intelligent!

C'est une forêt vaste.

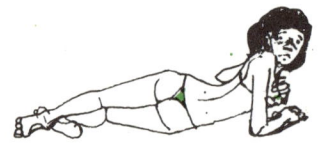

C'est un très petit bikini!

C'est un bel endroit.

C'est un très gros arbre.
— Oui, c'est le plus gros arbre du monde.

C'est un train très lent.

C'est un garçon insupportable!

C'est une date très importante!

C'est une très jolie jeune fille.

Plus que, moins que

Christophe, intelligent?
Mais non! Christophe est moins intelligent que moi!

Annette, stupide?
Mais oui! Annette est plus ……

Jean-Luc, laid?

Michèle, jeune?

Paul, grand?

Ton père, occupé?

Virginie, gentille?

Yves, gros?

Sylvie, sympathique?

Eustache, vieux?

 **C'est vrai ou c'est faux?**

Les abricots sont aussi chers que les melons.   — C'est faux! Les abricots sont moins chers que les melons.

pêches	tomates
abricots	melons
melons	bananes
tomates	oranges
poires	pommes
pommes	abricots
oranges	pêches
bananes	poires

161

Slander

Gaston est agréable. — Il n'est pas si agréable que moi!
Georges est curieux. — Il n'est pas si curieux que toi!

Class activity: first pupil makes a statement about someone in the class. Second pupil then compares this person to himself or to the first pupil as he thinks more appropriate. And so on.

How many are there?

Combien d'œufs y a-t-il? 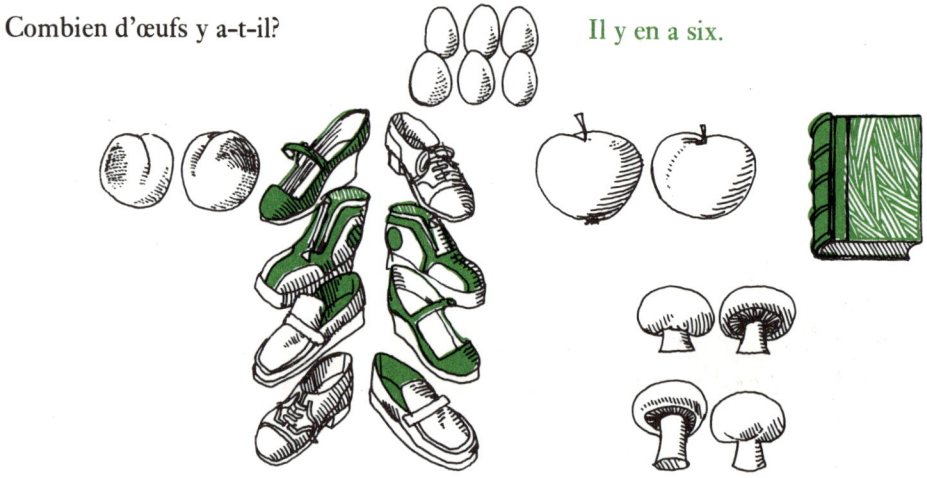 Il y en a six.

 Combien de …… Il y en a ……

unit 53 revision

Grammar

1. elle est plus loin
elle est la plus courte

Comparatives and superlatives (*more* and *the most* or *-er* and *the -est* in English) are formed with **plus** and **le (la, les) plus**.

le plus gros arbre
le timbre le plus rare

Notice the extra **le** (or **la, les**) with the superlative of adjectives that follow the noun.

le plus loin

The superlative of adverbs is always *le* **plus**.

plus stupide **que** moi	*more ...... than*
moins stupide **que** moi	*less ...... than*
aussi stupide **que** moi	*as ...... as*
pas si stupide **que** moi	*not so ...... as*

In all these forms of comparison the second element (English: *than; as*) is always **que**.

2. | | |
|---|---|
| moi | nous |
| toi | vous |
| lui; elle | eux; elles |

This is the form of the pronoun used when it is separated from the verb:

Qui, moi?
Toi et moi, nous allons à Paris.
Tu vas sans moi?
Non, je vais avec toi.

The last two examples illustrate a very common use of this sort of pronoun (called the disjunctive pronoun): it is the form always used after prepositions.

It is also the form used after the verb *to be*:

C'est toi? — Oui, c'est moi.

La faute est à moi.	*...... mine*
Les timbres sont à eux.	*...... theirs*

With **à** the disjunctives form the normal equivalent to the English possessive pronouns (*mine, yours, his, hers*, etc.).

l'abricot apricot
le bureau de poste post office
le timbre stamp
le carnet book(let)
le voyage journey
le parent parent
le (la) cousin(e) cousin
les petits-enfants (m or f) grandchildren
le grand-père grandfather
les grands-parents (m) grandparents
le père father
le fils son
le conjoint husband or wife
l'oncle (m) uncle
le groupe group
le principe principle
le tarif tariff; fare

la boîte box
la levée (postal) collection
la faute fault
la jeune fille girl
la machine machine
l'enveloppe (f) envelope
la famille family
la grand-mère grandmother
la sœur sister
la fille daughter; girl
la tante aunt

croire believe
coller stick
se débarrasser de get rid of
comprendre understand
parier bet
profiter take advantage
fait made; done
on pourrait we could
faire la queue queue up
se disputer argue

stupide stupid
proche near
que de what a lot of
court short
évident obvious
évidemment obviously
à qui? whose (is)?

3 Qui en profite? ...... *from (by) it*
J'en ai. ...... *some*
Combien en as-tu? ...... *of them*
Je n'en ai pas. ...... *any*

The object pronoun **en** means *of it, of them, from it, from them, some, any*—in fact, any of the meanings of **de** + *it* or *them*. Like other object pronouns it stands immediately in front of the verb.

Il y en a trois. *There are three of them.*
Il n'y en a pas. *There aren't any.*

Note the position of **en** when used with **il y a**.

4 un homme heureux   des hommes heureux
un joli manteau   des jolis manteaux
un groupe familial   des groupes familiaux

Nouns and adjectives ending in **-eau** and **-al** have the plural endings **-eaux** and **-aux** respectively. Those that already end in **-x** are unchanged in the plural. Notice that this applies only to the masculine form—the feminine form is quite regular:

une salle familiale   des salles familiales

5 tout le monde   tous les jours
toute la vie   toutes les voitures

Tout (*all; any*) has the irregular masculine plural form **tous**. The **-s** of **tous** is pronounced when **tous** stands without a noun (i.e., when it is used as a pronoun):

Amiens est le plus loin de tous.

a La jolie fille
— La plus jolie fille

Le grand groupe
Le principe important
Le long voyage
La machine curieuse
La petite boîte
Le timbre cher

avec with (me)
long (f **longue**) long
moins de less than
familial (adj) family
éventuellement if applicable
seulement only
deux d'entre vous two of you
à partir de from ... on
gratuitement free
occupé busy
faux false; wrong
qu'est-ce qu'il y a? what's the matter?
bête idiotic
à moi! help!

b Eustache est aussi vieux qu'Adolphe.

Invent twelve similar sentences, three each for **aussi . . . que, pas si . . . que, plus . . . que, moins . . . que**. Change the adjective and the names each time.

c André ne veut pas manger?
On mange sans lui!

Tu ne veux pas manger? ......
Françoise et Yvette ....
Jeanne
Henri et Paulette
Vous
Ils
Jean-Paul

d Put into the plural

un beau jour   mon manteau bleu   tout l'hôtel
un homme heureux   le tarif normal   la rue principale
tout le lundi   un appartement spacieux   un concert familial

e Answer using **en**

As-tu des grands-parents?
Combien de frères as-tu?
Tu as des sœurs?
As-tu une montre?
Tu as vingt enfants?
Combien de personnes y a-t-il dans la salle?
Y a-t-il un melon sur la table du professeur?
Combien de pièces principales y a-t-il dans ta maison ou ton appartement?
Il y a une salle de concert dans la ville?
Y a-t-il un stylo rouge dans ta poche?

f This notice appears outside the post office at Montreuil-sur-Mer. **Les jours fériés** are public holidays. Making intelligent guesses at words you don't know, answer these questions:

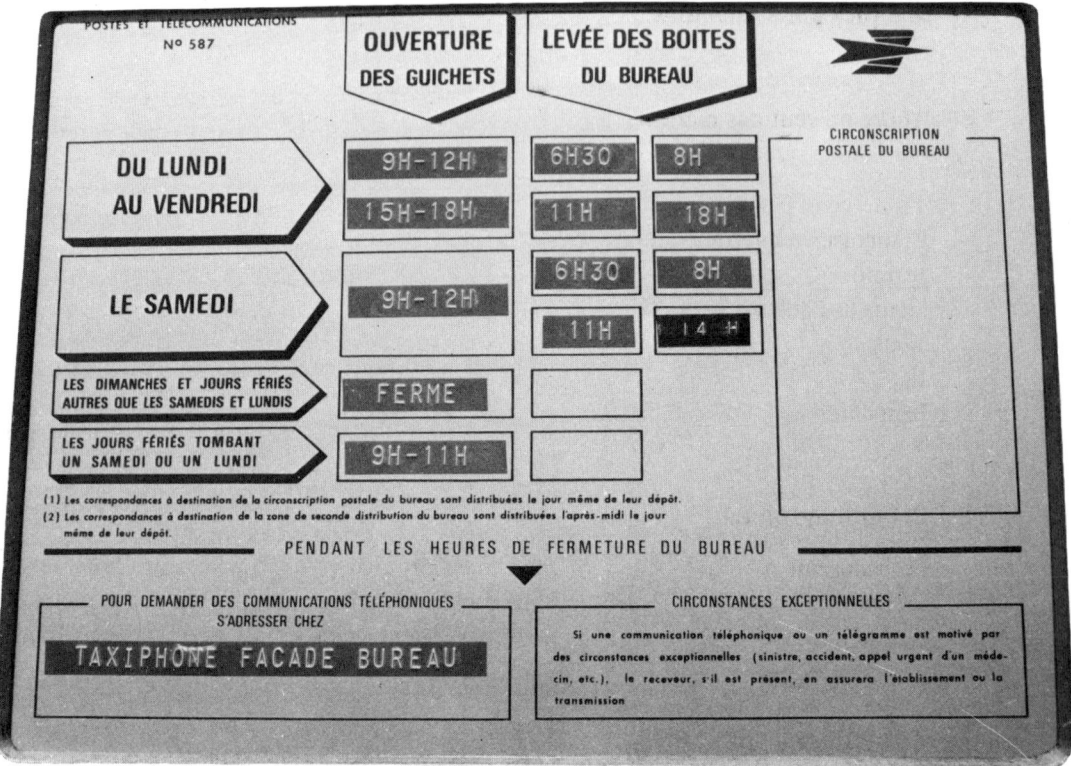

At what time does the post office close on a weekday?
At what time does it close on a Saturday?
At what time does it close if a public holiday falls on the Saturday?
How long is it closed for lunch on a weekday?
At what time is the first collection on a Tuesday?
How many collections are there on Saturday?
At what time does the post office open on Sunday?
Where is the nearest public telephone when the post office is closed?

unit 54

Listen to the dialogue.
Read through the vocabulary and the English questions below.
Listen to the dialogue again.
Answer the English questions in English.
Work carefully through the French text overleaf.
Answer the French questions in French.

There was this man following me . . .

What does Anne think has been happening to her?
Describe the man involved.
How many incidents were there?
What was the man looking at?
How did Anne get from the Palais Royal to the Opéra?
How did she get from the Palais Royal to the Place de la Concorde?
What happened there?
What do you think Brigitte considers 'triste' about the story?

la barbe beard
la vitrine shop window
j'ai pris I have taken; I took
la portière (car) door
le chauffeur driver
suivre follow
avoir de la chance be lucky
vite quickly
l'histoire (f) story

167

Anne: . . . eh bien, cet homme, je l'ai vu la première fois devant le Louvre.
Brigitte: Ça alors. Grand, tu dis?
Anne: Oui, un monstre avec une barbe noire et des yeux horribles!
Brigitte: Ça alors! Et qu'est-ce qu'il a fait?
Anne: Eh bien, je l'ai vu une deuxième fois devant le Palais Royal. Il a regardé dans une vitrine pour me voir!
Brigitte: Qu'est-ce que tu as fait?
Anne: J'ai pris un taxi jusqu'à l'Opéra. Et là, je l'ai vu une troisième fois. J'ai ouvert la portière du taxi, et le voilà sur le trottoir devant l'Opéra! Il a regardé mes jambes et il m'a souri!
Brigitte: Non!
Anne: Si!
Brigitte: Et qu'est-ce que tu as fait?
Anne: J'ai fermé la portière et j'ai dit au chauffeur: cet homme-là me suit!
Brigitte: Et qu'est-ce qu'il a dit?
Anne: Il a ri et il a dit: Vous avez de la chance, madame.
Brigitte: Pas vrai! Qu'est-ce que tu as dit?
Anne: Rien! Je l'ai payé, vite, et j'ai pris un autre taxi jusqu'à la place de la Concorde.
Brigitte: Et là tu as vu le monstre une quatrième fois? Il t'a parlé? Dis-moi, il a essayé quelque chose?
Anne: Mais non, chérie. Je ne l'ai pas vu place de la Concorde. Je ne l'ai plus vu du tout.
Brigitte: Ah, ça alors! Quelle triste histoire!

Anne, où a-t-elle vu l'homme la première fois?
Où l'a-t-elle vu la deuxième fois?
Qu'est-ce qu'il a fait devant le Palais Royal?
Qu'est-ce qu'Anne a fait devant l'Opéra?
Qu'est-ce que l'homme a fait?
Qu'est-ce qu'Anne a dit au chauffeur de taxi?
Qu'est-ce qu'il a fait? Et qu'est-ce qu'il a dit?
Qu'est-ce qu'Anne a fait ensuite?
Est-ce qu'elle a vu l'homme une quatrième fois?

We all do!

Moi, je vois la mer une seule fois par an. Et toi?
Moi aussi, je ......
Christophe voit la télévision quelquefois. Et Paul?
Lui aussi, il ......
Mes frères voient un match de football tous les samedis. Et toi?
Yves et moi, nous voyons beaucoup de films. Et tes parents?
Elle voit ses grands-parents chaque week-end. Et vous?
Sylvie et moi, nous nous voyons ce soir. Et toi et Jeannine?

Le rendez-vous

On se voit devant  ? — Non non, on se voit devant ……
près de
……

 Trop tard, trop tard!

Tu vas voir le film au Rex ce soir?   — Non, je l'ai déjà vu.

Vous faites le plein maintenant?   — Non, je ……

Tu vas ouvrir ton cadeau?
Vous allez voir le Taj-Mahal avec moi ce soir?
Tu vas vendre ton appartement?
Vous choisissez mon cadeau?
Tu prends le petit déjeuner maintenant?
Vous allez dire ce que vous voulez faire?
Tu veux boire mon vin?

 A la place de l'Opéra

Chauffeur
de taxi: Voilà, madame. Place de l'Opéra.
Anne: Merci. C'est combien?
Chauffeur
de taxi: Trois francs cinquante au compteur, madame.   **le compteur** meter
Anne: Voilà quatre francs. Gardez la monnaie.

The above exchange might have taken place if Anne had not suddenly seen—or thought she'd seen—the man who was following her. Expand and change it, using the dialogue, to include what actually happened.

unit 55

en solde reduced
la cabine d'essayage fitting cubicle

 Decisions, decisions

Monique:	Mets donc le pantalon rose.	**mettre** put (on)
Danielle:	Le rose? Non, je l'ai déjà essayé. Je ne l'aime pas.	**rose** pink
Monique:	As-tu mis le blue-jean?	
Danielle:	Ça? Oui, je l'ai déjà mis. Je ne l'aime pas non plus.	
Monique:	Mais peut-être avec le chemisier bleu? C'est le même bleu. Tu l'as mis, le chemisier bleu?	**le chemisier** blouse **même** same
Danielle:	Non, attends, je le mets. Où est-il?	
Monique:	Je ne sais pas.	
Danielle:	Mais voyons, tu es assise dessus! Lève-toi!—Le voilà! . . . Non, ça ne me va pas.	**assis** sitting **dessus** on it **aller** (*here*) suit
Monique:	Alors, peut-être le chemisier vert?	
Danielle:	Non, je l'ai déjà mis. Il ne me va pas non plus.	
Vendeuse (*qui arrive*): Voilà encore un chemisier bleu. Il est très joli.		**la vendeuse** salesgirl
Danielle:	Je ne crois pas.	
Vendeuse:	Mais c'est exactement la couleur de vos yeux, mademoiselle!	
Danielle:	Vraiment?	
Vendeuse:	Mais oui, mademoiselle. Mettez-le!	
Danielle:	Dis-moi, Monique, il me va vraiment?	
Monique:	Mais oui, il te va très bien, Danielle.	
Danielle:	Mais pas avec ce pantalon.	
Monique:	Peut-être avec le blue-jean? Mets-le avec le blue-jean.	
Vendeuse:	Oui oui, mettez-les ensemble, mademoiselle.	
Danielle:	. . . Mais vous avez raison! Ça va très bien ensemble! Eh bien, je les prends, les deux.	
Vendeuse:	Très bien, mademoiselle.	
Danielle:	Alors, voilà mon pantalon, je vais le remettre. Mais où est mon chemisier?	**remettre** put back on

Vendeuse:	Votre chemisier, mademoiselle?
Danielle:	Mais oui, mon chemisier. Je veux le remettre. Un chemisier jaune avec un nœud.
Vendeuse:	Oh mademoiselle . . . un chemisier jaune . . . très joli . . . avec un nœud . . . je crois que je l'ai vendu!

le nœud bow

Est-ce que Danielle va mettre le pantalon rose?
Est-ce qu'elle va mettre le blue-jean?
Est-ce qu'elle a déjà mis le chemisier bleu? Où est-il?
Est-ce qu'elle va mettre le chemisier vert?
Est-ce qu'elle met le deuxième chemisier bleu?
Qu'est-ce qu'elle met avec?
Qu'est-ce qu'elle achète?
Est-ce qu'elle met le chemisier jaune?

Une boum! Qu'est-ce que tu mets?

— Je mets mon blue-jean.

Et Paule, qu'est-ce qu'elle met?   Et Jean et François?
Et Alain?   Et toi?
Et tes sœurs, qu'est-ce qu'elles mettent?   Et ton ami?
Et moi et mon frère, qu'est-ce que nous mettons?   Et moi?

Attention à votre tasse de café, madame!

Ne la mettez donc pas sur    le tapis!

Et ne la mettez pas non plus sur

Et ……

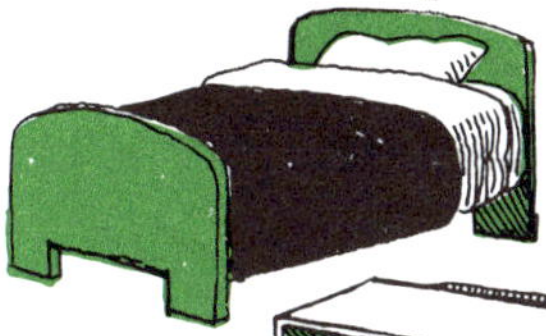

Ça alors! Je vais le boire, mon café!

Ça alors! Les femmes!

Où a-t-elle donc mis le savon?
(*il crie*) Où as-tu donc mis le savon, chérie?

mon	mon	ma brosse à dents
ma	mon rasoir électrique	mes
la serviette	ma veste	ma tasse de café

Ça alors! Les hommes!

Ça alors! (*elle crie*) Le savon? Il est dans la salle de bain!
......   le séjour
                le vestibule
                la chambre
                la cuisine

Moi, je l'ai trouvé!

Voilà ton   Mets-le donc dans la salle de bain.
                                 ......

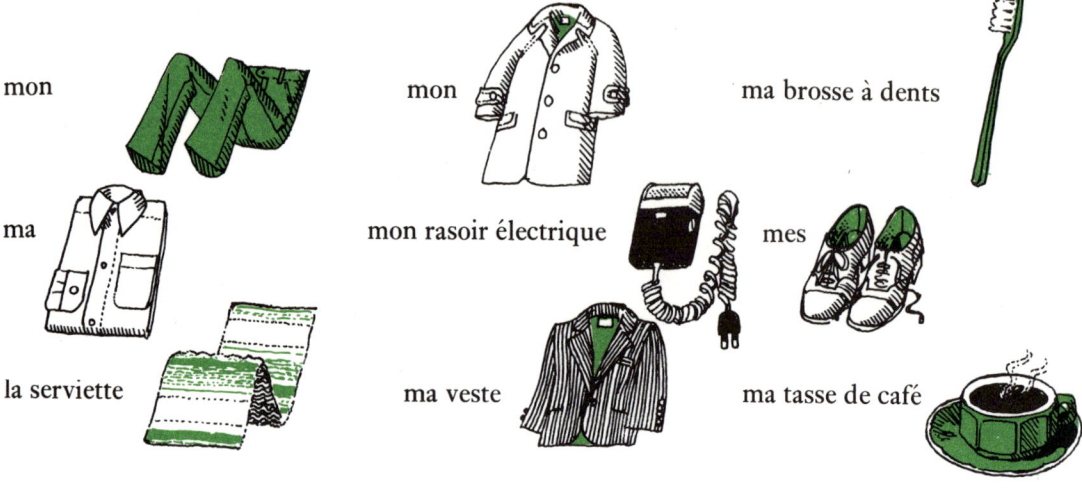

unit 56 revision

Grammar

1. **mettre**—*to put; to put on*   **voir**—*to see*

   Present:

je **mets**	nous **mettons**	je **vois**	nous **voyons**
tu **mets**	vous **mettez**	tu **vois**	vous **voyez**
il **met**	ils **mettent**	il **voit**	ils **voient**

2. We have already met the perfect of regular verbs:

   donner   j'ai **donné**
   perdre   j'ai **perdu**
   finir   j'ai **fini**

   and of the **ouvrir** group of verbs:

   ouvrir   j'ai **ouvert**

   Here are some important irregular verbs that do not follow these patterns:

   faire: j'ai **fait**
   prendre: j'ai **pris**
   mettre: j'ai **mis**
   dire: j'ai **dit**
   voir: j'ai **vu**
   rire: j'ai **ri**
   boire: j'ai **bu**

3. Mettez-le dans la salle de bain!
   Oui, je le mets dans la salle de bain!
   Je l'ai mis dans la salle de bain.

   Although the object pronoun normally stands immediately in front of the verb, with the command form it follows. In writing, a hyphen joins it to the verb.

   dis-moi . . .!
   lève-toi . . .!

   When they follow the verb in commands, **me** and **te** become **moi** and **toi**. The other object pronouns don't change.

   ne le mets pas sur le tapis!
   ne te lève pas!

   In *negative* commands the object pronouns stand in their normal place in front of the verb.

---

le chauffeur de taxi   taxi driver
le monstre   monster
le football   football
le film   film
le week-end   weekend
le compteur   meter
le chemisier   blouse
le nœud   bow; knot
le savon   soap
le rasoir   razor
le rendez-vous   rendezvous; date
le tapis   carpet

la barbe   beard
la vitrine   shop window
l'histoire (f)   story
la portière   door (of car)
la porte   door
la mer   sea
la cabine d'essayage   fitting cubicle
la vendeuse   salesgirl
la boum   party
la brosse   brush
la serviette   towel
la tasse   cup

suivre   follow
avoir de la chance   be lucky
mettre   put (on)
assis   sitting
aller   go; suit
remettre   put back (on)

horrible   horrible
vite   quickly
en solde   reduced
rose   pink
même   same
dessus   on it
électrique   electric
quelquefois   sometimes

173

a Put into the present

1. (voir)   ......-tu mon chemisier rouge?
   (mettre)   Il ...... la main sur mon épaule.
   (remettre) Tu ...... ton manteau?
   (voir)   ......-vous la mer quelquefois?
   (mettre)   Ils ...... l'argent dans la boîte.
   (voir)   Elles ne ...... pas la difficulté.
   (mettre)   Vous ...... la serviette dans la salle de bain!
   (revoir)   Il nous ...... demain.

b Put into the perfect

Jean mange ma pomme!
On quitte le quai?
Nous cherchons l'hôtel.
Ils écoutent des disques ce matin.
Tu achètes un nouveau collant?

Marianne ouvre le cadeau.
Nous vendons la Renault.
Je choisis un frigo français.
Elles attendent devant l'Opéra.
Tu souffres beaucoup?
Vous finissez déjà!

Papa fait du cent vingt à l'heure!
Tu prends le Métro.
Annette sourit.
Qu'est-ce que vous dites?
Tu ne vois rien?
Il le met dans sa poche.
Ils boivent trois litres de vin.

c Je peux donc manger les abricots?
— Oui, bien sûr, mange-les.

Nous pouvons donc garder la monnaie?
Je peux donc essayer les chaussures?
Nous pouvons donc laver la voiture?
Je peux donc prendre ton savon?
Nous pouvons donc emballer les paquets?
Je peux donc finir mon déjeuner?
Nous pouvons donc louer l'appartement?

d Tu veux m'aider?
Eh bien, aide-moi!

Tu veux te lever?
Tu veux me parler?
Tu veux te dépêcher?
Tu veux te promener?
Tu veux me consulter?
Tu veux m'embrasser?
Tu veux t'amuser?
Tu veux me quitter?

e Rewrite your answers to **d** as negatives

Aide-moi!—Ne m'aide pas!

unit 57

Un accident?

Mademoiselle Jeannine Lelouche has arrived in riding kit and breathless at the gendarmerie in Dèvres. The gendarme is taking down her story. Listen to it twice and then retell it in English in as much detail as you can. Then turn over, read it and answer the questions.

raconter tell
arriver arrive; happen
la randonnée excursion; ride
le cheval horse
tomber fall
la balle bullet
le fusil rifle
le coup de fusil shot
partir depart; go off (*gun*)
rester stay
mort dead
blessé wounded

— Calmez-vous donc, Mademoiselle Lelouche, et racontez-moi ce qui est arrivé.
— Eh bien, je suis montée sur mon poney Ringo et je suis partie de Dèvres vers onze heures et demie pour faire une randonnée dans la forêt.
— Et vous êtes arrivée à la forêt quand?
— Vers midi. Je suis allée par la route de Parenty.
— Et vous êtes entrée dans la forêt à cheval?
— Oui oui. Et puis soudain un coup de fusil est parti quelque part et Ringo est tombé. Une balle est entrée dans son flanc droit! Et puis l'homme . . .
— Un instant . . . Il est tombé avec une balle de fusil dans son flanc droit. Et vous êtes descendue du cheval?
— Mais évidemment! Et puis cet homme . . .
— Un moment . . . descendue du cheval. A quelle heure?
— Oh, je ne sais pas. Vers midi et quart. Et l'homme . . .
— Midi et quart. Alors, quel homme?
— Mais l'homme au fusil! Il est sorti de derrière un arbre et il est parti rapidement dans l'autre direction.
— Et vous, mademoiselle?
— Eh bien, moi, je suis restée quelques instants à côté du poney, puis je suis retournée à Dèvres à pied aussi vite que possible. Je suis venue directement à la gendarmerie.
— Très bien. Et vous êtes arrivée ici à une heure moins dix. Le cheval n'est pas mort?
— Non, mais blessé. Puis-je téléphoner au vétérinaire?
— Bien sûr, mademoiselle. Et on va essayer de trouver l'homme au fusil.

Vous êtes Mlle Lelouche. Répondez:

Qu'est-ce que vous avez fait vers onze heures et demie?
Où êtes-vous arrivée vers midi?
Par quelle route êtes-vous allée dans la forêt?
Qu'est-ce qui est arrivé à midi et quart?
Qu'est-ce que l'homme a fait?
Combien de temps êtes-vous restée près du cheval?
Qu'est-ce que vous avez fait ensuite?
Où êtes-vous arrivée à une heure moins dix?

Écrivez le compte rendu du gendarme. Commencez:

Mademoiselle Jeannine Lelouche est montée sur son poney et elle est partie de Dèvres vers 11 heures 30 ……

176

Nous l'avons fait, nous aussi

Jeanne est montée à la Tour Eiffel. Et vous?
— Nous aussi, nous ……
Paul est allé voir le match hier. Et vous?
Véronique est restée à la maison pendant tout le week-end. Et vous?
Jean est descendu dans une mine de charbon. Et vous?
Brigitte est tombée plusieurs fois de son cheval. Et vous?

Ils l'ont déjà fait

Ils arrivent à minuit?
— Non, ils sont déjà arrivés.

Ils partent demain?
Ils sortent maintenant?
Ils rentrent bientôt?
Ils retournent cet après-midi?
Ils viennent ce matin?

Demandez au gendarme!

Puis-je téléphoner au vétérinaire?
stationner ici?

……
……

— Bien sûr, mademoiselle.
— Je regrette, mademoiselle, ce n'est pas possible.

A day around town

Qu'est-ce que tu as fait ici?

 Ici j'ai ……

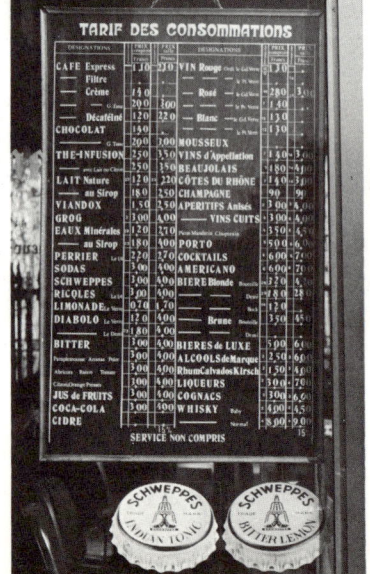

unit 58

praliné with ground sugared almonds

le rhum rum

la pistache pistachio nut

la noix de coco coconut

la fraise strawberry

l'ananas (m) pineapple

la myrtille bilberry

le citron lemon

le cassis blackcurrant

 La première matinée des vacances

la matinée morning

de bonne heure early

Annette et Louise se sont levées de bonne heure, se sont débarrassées de leurs parents et se sont promenées pendant toute la matinée sur la plage et en ville. Les deux filles se sont amusées à regarder le volleyball sur la plage et maintenant elles se sont arrêtées pour acheter des glaces.

Listen to their conversation at the ice-cream shop a couple of times before reading it overleaf.

Annette parle au jeune homme.
— Deux glaces s'il vous plaît.
— Oui, mademoiselle. Quel parfum?   **le parfum** (*here*) flavour
— Aux pêches.
— Aux pêches, mademoiselle? Nous n'en avons pas.
— Quels parfums avez-vous?
— Mais regardez donc la liste!
— Ah, quelle longue liste.
— Oui mademoiselle. Prenez une glace aux abricots. Les pêches, les abricots, c'est presque la même chose.

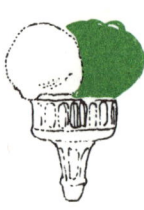 **la boule** (*here*) scoop; portion

— Mais non! Je n'aime pas les abricots. Je prends une boule de vanille et une boule de citron—non, non, non, attendez, attendez, une boule de vanille et une d'orange.
— Très bien, mademoiselle . . .
— Ah non, attendez, pas d'orange, une boule de poire.
— Une boule de vanille, une boule de poire—voilà, mademoiselle. Et l'autre glace?
— Deux boules aux bananes.
Le jeune homme hésite un instant.
— D'accord, mademoiselle, voilà. Quatre francs, s'il vous plaît.   **d'accord** right
Louise commence à manger la deuxième glace.
— Curieux. Cette glace aux bananes. Elle a un goût d'ananas . . .   **le goût** taste
— Ah oui, mademoiselle. C'est sans doute à cause de la couleur.   **sans doute** no doubt
  à cause de because of

180

What does Annette want that the ice-cream seller hasn't got?
What does he suggest instead?
Why doesn't she have this?
What does she decide on and then reject? What does she finally choose?
What does she attempt to buy for Louise? What is the young man's reaction?
Why does Louise's ice-cream taste of pineapple?

Racontez ce qu'Annette a fait pendant la première matinée des vacances, avant sa conversation avec le vendeur de glaces.
Commencez:
> Annette s'est levée……

Vous êtes Louise. Racontez ce que vous avez fait avec Annette.
Commencez:
> Annette et moi, nous nous sommes levées……

 Regardez la liste de parfums, et choisissez et achetez votre glace favorite.

Pas hier!

Je m'amuse beaucoup chez Oscar. — Mais hier?
—Hier je ne me suis pas amusé.

Je me dépêche toujours le matin — Mais hier?
Je me lève toujours très lentement. — Mais hier?
Je me promène souvent le soir. — Mais hier?
Je m'installe toujours dans le fauteuil le plus confortable. — Mais hier?
Je me trouve souvent sans argent. — Mais hier?
Je m'arrête toujours devant le café. — Mais hier?

Mais quelle famille!

Ce matin, Paul Debré s'est levé à

Sa grande sœur Hélène ……

Son petit frère Jean-Louis ……

Ses parents ……

Son chat, Gigi, ……

Ses grands-parents, M. et Mme Tisserand, ……

🗣 Paul, à quelle heure t'es-tu levé? — Je me ……
Hélène, à quelle heure vous êtes-vous levée? — ……
Jean-Louis, ……
M. et Mme Debré, ……
Gigi (le chat qui parle!), ……
M. Tisserand, ……

🗣 **Il y a des hommes (et des femmes) très difficiles!**

—Une glace aux abricots, s'il vous plaît. —Aux abricots, monsieur (madame)?
—Ah non, attendez, à la vanille. —A la vanille, monsieur?
—Ah non, attendez, au chocolat. — ……
— …… — ……

182

unit 59

 Petit déjeuner

Il est impossible, mon mari.
Il s'est levé aujourd'hui comme d'habitude à sept heures et il est allé dans la salle de bain. Sans me parler. Et il s'est lavé.
J'ai dit: «Quel beau jour, n'est-ce pas chéri?»
Il a dit: «Il pleut,» et il s'est brossé les dents.   se brosser brush
J'ai dit: «Sais-tu la date, chéri?»
Il a dit: «Non, non. C'est lundi,» et il est descendu dans la cuisine.
J'ai dit: «C'est une date assez particulière,» et j'ai versé son café.   verser pour
Il a dit: «Ce n'est pas le quatorze juillet» et il a pris son journal.   le journal newspaper
J'ai dit: «C'est une date particulière pour moi. Pour toi aussi peut-être.»
Il a mis du lait et du sucre dans son café et il l'a bu derrière   le lait milk
son journal sans me regarder, sans me répondre.   le sucre sugar
J'ai dit «Une date particulière et importante.» Il a allumé une   allumer light
cigarette.
J'ai dit: «Aujourd'hui . . . il y a quatre ans . . .»   il y a . . . . . . ago
Enfin il a posé son journal. «C'est l'anniversaire de la   poser put down
formation du gouvernement!»
Je me suis levée furieuse. «Non, ce n'est pas l'anniversaire de la formation du gouvernement. C'est un anniversaire beaucoup plus important!»
Il s'est levé. Il a mis son imperméable. Il est allé à la porte. Il   l'imperméable raincoat
s'est retourné et il a dit: «Tu parles peut-être de   se retourner turn round
l'anniversaire de notre mariage? Eh bien, voilà!» Et il m'a donné ce bracelet en or, il a souri et il est parti. Comme ça. Sans me dire au revoir. Sans m'embrasser.
Il est impossible, mon mari.

Without turning back to page 183, write an account in French of what the husband did, using the outline below to help you:

se lever—aller dans la salle de bain—se laver—il pleut—se brosser les dents—la date—descendre dans la cuisine—particulier—verser—le quatorze juillet—prendre son journal—mettre du lait et du sucre—boire—important—allumer—il y a quatre ans—poser—la formation du gouvernement—se lever—l'imperméable—se retourner—le mariage—le bracelet en or—sourire—partir.

Life on your own (a, est or s'est?)

Monique ne parle pas le matin, parce qu'elle habite seule. Aujourd'hui elle …… levée à sept heures; elle …… mis sa robe de chambre et elle …… allée dans la salle de bain, où elle …… bien lavée; puis elle …… habillée et elle …… descendue dans la cuisine. Elle …… bu du café et elle …… mangé du pain grillé. Elle …… allumé la radio et elle …… écouté les informations. Elle …… pris son imperméable et elle …… sortie. Elle …… arrivée à l'usine à huit heures. Et tout cela sans parler!

 Et vous! Qu'est-ce que vous avez fait ce matin?

A quelle heure vous vous êtes levé?
Vous vous êtes lavé?
Et puis—où avez-vous pris votre petit déjeuner?
Qu'est-ce que vous avez bu?
Vous avez mangé du pain grillé peut-être?
Qu'est-ce que vous avez dit?
Et ensuite—qu'est-ce que vous avez mis?
Et vous êtes parti à quelle heure?

Did he or didn't he?

Est-ce qu'il t'a parlé?	— Oui, il est venu pour me parler.
Est-ce qu'il l'a bu?	— Non, il est parti sans le ……
Est-ce qu'il s'est arrêté?	— Non, il est parti ……
Est-ce qu'il t'a vu?	— Oui ……
Est-ce qu'il l'a trouvé?	— Non ……
Est-ce qu'il s'est amusé?	— Oui ……
Est-ce qu'il t'a regardé?	— Non ……
Est-ce qu'il l'a vendu?	— Oui ……
Est-ce qu'il t'a aidé?	— Non ……

unit 60 revision

Grammar

1. arriver—**arrivé**—elle est arrivée
   partir—**parti**—elle est partie
   entrer—**entré**—elle est entrée
   sortir—**sorti**—elle est sortie
   aller—**allé**—elle est allée
   venir—**venu**—elle est venue
   monter—**monté**—elle est montée
   descendre—**descendu**—elle est descendue
   rester—**resté**—elle est restée
   tomber—**tombé**—elle est tombée
   retourner—**retourné**—elle est retournée

   A very small number of verbs form their perfect with **être** instead of **avoir**. The eleven above are the most important ones. Notice that the past participle of **être** verbs (but *not* of **avoir** verbs!) agrees with its subject just as if it was an adjective:

   elle est grande
   elle est partie

2. elles se sont levées de bonne heure
   elles se sont débarrassées de leurs parents

   In addition to the verbs in (1) above, *all* reflexive verbs form their perfect with **être**. Again notice the agreement.

   je ne me suis pas amusé
   elle ne s'est pas dépêchée
   je ne l'ai pas fait

   The negative, **ne . . . pas**, goes around **être** with its pronoun object in exactly the same way as with an **avoir** verb.

3. je veux parler   . . . *want to speak*
   Louise commence à manger   . . . *begins to eat*
   on va essayer de trouver l'homme . . . *try to find*

   Verbs are usually joined to following infinitives with *to* in English. In French they may use **à**, **de** or nothing at all. This doesn't vary—it is always **commencer à** + infinitive, **essayer de** + infinitive, **vouloir** + infinitive. The preposition must be learned with the verb.

le cheval horse
le fusil rifle
le poney pony
le flanc flank
le coup de fusil shot
le vétérinaire vet
le charbon coal
le rhum rum
l'ananas (m) pineapple
le citron lemon
le cassis blackcurrant
le raisin grape; raisin
le chat cat
le pain grillé toast
le chocolat chocolate
le caramel caramel
le parfum perfume; flavour
le goût taste
le doute doubt
le lait milk
le sucre sugar
le journal newspaper
l'imperméable (m) raincoat

la randonnée excursion; ride
la balle bullet
la gendarmerie police station
la tour tower
la mine mine
la pistache pistachio nut
la noix de coco coconut
la fraise strawberry
la myrtille bilberry
la vanille vanilla
la matinée morning
la robe de chambre dressing gown
la radio radio
la boule bowl; portion; scoop
les informations (f) news (*radio; TV*)
la conversation conversation
l'usine (f) factory

raconter tell
arriver arrive; happen
tomber fall
partir depart; go off (*of gun*)
rester stay
se calmer calm down

4 pour me voir — *in order to see me*
sans me voir — *without seeing me*

Prepositions in French are followed by the infinitive of the verb (in English they are usually followed by the *-ing* form). Notice that object pronouns stand in front of the infinitive exactly as they stand in front of other parts of the verb.

a Put into the perfect

Anne-Marie arrive.
Nous entrons dans le garage.
Je pars vers midi.
Elles sortent du cinéma.
Vous ne venez pas me voir.
Elle descend du cheval.
Tu retournes chez ta mère?
Nous ne montons pas dans le taxi.
Tu restes avec ta sœur?
Il tombe de l'avion!
Patrice et sa mère vont à l'opéra.

b Put into the perfect

Tu t'amuses ici?
Nous nous arrêtons devant l'hôtel de ville.
Je ne me promène pas.
Elle sa passionne pour lui.
On se débarrasse d'Oscar.
Vous ne vous levez pas aujourd'hui?
Ils se retournent pour nous parler.

c avoir or être?

…… déjà téléphoné? (tu)

…… allé à la gare? (elle)
…… pris son déjeuner? (il)
…… parti pour Paris? (vous)
L'…… mangé hier? (il)
Vous …… dépêchés? (vous)
…… arrivées de bonne heure? (elles)
…… rendu l'argent? (on)

d Put into the perfect

Elle allume une cigarette.
Maurice descend du car.
Comme je souffre, moi!
Il ne se dépêche pas.
Tu choisis une question difficile.
Va-t-il chez toi cet après-midi?
Vous vendez vos livres?
Je pars sans mon sac.

monter à get on
descendre de get off
retourner return
téléphoner telephone
hésiter hesitate
se brosser brush
verser pour
poser put down
se retourner turn round
s'habiller get dressed
allumer light; switch on

à cheval on horseback
mort dead
blessé wounded
rapidement quickly
d'accord right
directement directly; straight
plusieurs several
bientôt soon
praliné with ground sugared almonds
de bonne heure early
pendant during
à cause de because of
il y a ago

e   Vous l'avez pris?
— Non, nous ne l'avons pas pris.

Il l'a mangé?
Elle s'est amusée?
Tu es parti?
Ils t'ont téléphoné?
On m'a suivi?
Elles se sont calmées?

f   Complete using **à** + an infinitive,
de + an infinitive, or just an infinitive

Hélène va ……
Gaston commence ……
On veut ……
Il faut ……
As-tu essayé ……?
Peut-il ……?

l'équitation horse riding
le stage course
la monitrice instructress
le débourrage breaking-in
la pension boarding; livery

You are Mademoiselle Hardy. You have just received a letter from an English family enquiring about your riding school. Write back in English telling them everything possible about it.

Mots croisés

page 10

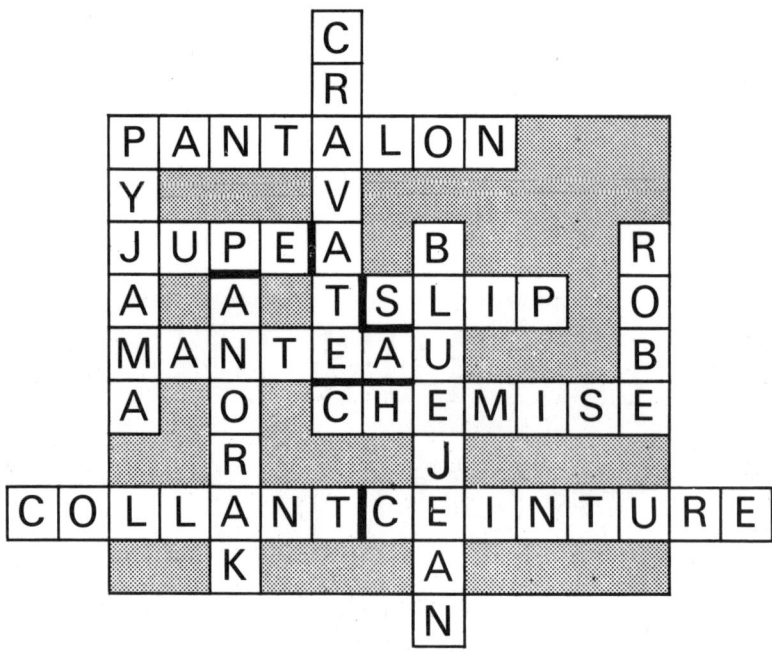

page 114

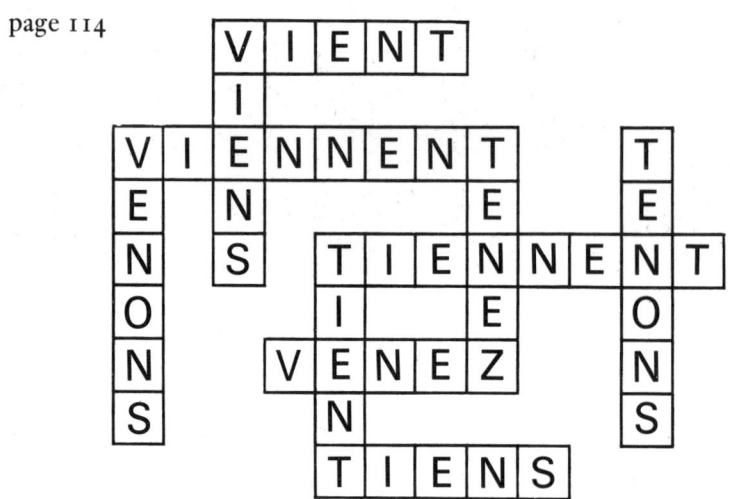

Irregular Verbs

Verbs marked † form their perfect with **être**.
Parts printed in italics have not yet been met.

infinitive	present		imperative	past participle
acheter buy	j' achète tu achètes il achète	nous achetons vous achetez ils achètent	achète achetons achetez	acheté
aller † go	je vais tu vas il va	nous allons vous allez ils vont	va allons allez	allé
appeler call	j' appelle tu appelles il appelle	nous appelons vous appelez ils appellent	appelle appelons appelez	appelé
apprendre learn ⟶ prendre				
appuyer press	j' appuie tu appuies il appuie	nous appuyons vous appuyez ils appuient	appuie appuyons appuyez	appuyé
s'asseoir † sit down	*je m' assieds* (or *m'assois*) *tu t' assieds* (or *t'assois*) il s' assied (or *s'assoit*)	*nous nous asseyons* (or *nous assoyons*) *vous vous asseyez* (or *vous assoyez*) ils s' asseyent (or *s'assoient*)	*assieds-toi* *asseyons-nous* asseyez-vous	assis
avoir have	j' ai tu *as* il a	nous avons vous avez ils ont	*aie* *ayons* *ayez*	*eu*
boire drink	je bois tu bois il boit	nous buvons vous buvez ils boivent	bois buvons buvez	bu
compléter complete	je complète tu complètes il complète	nous complétons vous complétez ils complètent	complète complétons complétez	complété
comprendre understand ⟶ prendre				
couvrir cover	je couvre tu couvres il couvre	nous couvrons vous couvrez ils couvrent	couvre couvrons couvrez	couvert

infinitive	present		imperative	past participle
croire believe	*je* crois *tu* crois *il* croit	*nous* croyons *vous* croyez *ils* croient	crois croyons croyez	*cru*
découvrir discover ⟶ couvrir				
décrire describe ⟶ écrire				
devoir must	*je dois* *tu dois* *il* doit	*nous devons* *vous devez* *ils* doivent		*dû*
dire say	*je* dis *tu* dis *il* dit	*nous* disons *vous* dites *ils* disent	dis disons dites	dit
écrire write	*j'* écris *tu* écris *il* écrit	*nous* écrivons *vous* écrivez *ils* écrivent	écris écrivons écrivez	écrit
épeler spell ⟶ appeler				
essayer try ⟶ appuyer				
être be	*je* suis *tu* es *il* est	*nous* sommes *vous* êtes *ils* sont	*sois* *soyons* *soyez*	été
faire make; do	*je* fais *tu* fais *il* fait	*nous* faisons *vous* faites *ils* font	fais faisons faites	fait
falloir must	*il* faut			*fallu*
geler freeze	*il* gèle			gelé
introduire introduce	*j'* introduis *tu* introduis *il* introduit	*nous* introduisons *vous* introduisez *ils* introduisent	introduis introduisons introduisez	*introduit*

infinitive	present		imperative	past participle
se lever † get up ⟶ acheter				
mettre put	je mets tu mets il met	nous mettons vous mettez ils mettent	mets mettons mettez	mis
offrir offer ⟶ couvrir				
ouvrir open ⟶ couvrir				
partir † leave	je pars tu pars il part	nous partons vous partez ils partent	pars partons partez	parti
payer pay ⟶ appuyer				
pleuvoir rain	il pleut			*plu*
posséder own ⟶ compléter				
pouvoir can	je peux (puis-je?) tu peux il peut	nous pouvons vous pouvez ils peuvent		*pu*
préférer prefer ⟶ compléter				
prendre take	je prends tu prends il prend	nous prenons vous prenez ils prennent	prends prenons prenez	pris
se promener † walk ⟶ acheter				
recevoir receive	*je reçois* *tu reçois* *il reçoit*	*nous recevons* *vous recevez* *ils reçoivent*	*reçois* *recevons* *recevez*	*reçu*
remettre put back on ⟶ mettre				

infinitive	present		imperative	past participle
revenir † come back ⟶ venir				
revoir see again ⟶ voir				
rire laugh	je ris tu ris il rit	nous rions vous riez ils rient	ris rions riez	ri
savoir know	je sais tu sais il sait	nous savons vous savez ils savent	sache sachons sachez	su
sortir † go out ⟶ partir				
souffrir suffer ⟶ couvrir				
sourire smile ⟶ rire				
suivre follow	je suis tu suis il suit	nous suivons vous suivez ils suivent	suis suivons suivez	suivi
tenir hold ⟶ venir				
traduire translate ⟶ introduire				
venir † come	je viens tu viens il vient	nous venons vous venez ils viennent	viens venons venez	venu
voir see	je vois tu vois il voit	nous voyons vous voyez ils voient	vois voyons voyez	vu
vouloir like	je veux tu veux il veut	nous voulons vous voulez ils veulent	veuille veuillez	voulu

French–English Vocabulary

Irregular verbs are marked *: their irregularities can be found in the verb list on page 189. Numbers after the English meaning of a word indicate the first unit in which it appears with this meaning.

  a, has 13 (→avoir)
  à, at 15
l'abricot (m), apricot 52
  absolu, absolute 41
l'accent (m), accent 36
l'accident (m), accident 57
  d'accord, right 58
*acheter, buy 9
l'addition (f), bill 28
l'affiche (f), notice 28
l'âge (m), age 24
  agréable, pleasant 44
  ai, have 12 (→avoir)
  aider, help 38
  aigu, acute (*accent*) 36
  aimer, like 28
l'alimentation générale (f), food shop 16
l'allée (f), path 30
*aller, go 27; suit 55
    s'en aller, go off 35
  allô, hello (*on phone*) 47
  allumer, light, switch on 59
  alors, then 7; well 9
l'ami(e) (m; f), friend
    la petite amie, girl friend 33
s'amuser, enjoy oneself 35
l'an (m), year (*when counting*) 24
l'andouillette (f), small sausage 28
  anglais, English
    l'anglais (m), English (*language*) 36
l'ananas (m), pineapple 58
l'année (f), year 24
l'anniversaire (m), birthday 24
l'anorak (m), anorak 1
  antique, antique 43
l'antiquité (f), antique 42
  août (m), August 25
l'appareil (m), apparatus, phone 47
l'appartement (m), flat 22
*appeler, call 47
    s'appeler, be called 36
  apporter, bring 27
*apprendre, learn 38
*appuyer, press 32
  après, after 22
l'après-midi (m *or* f), afternoon 22

l'arbre (m), tree 35
l'argent (m), money 29
l'armoire (f), wardrobe 43
s'arrêter, stop 35
  arriver, arrive 22; happen 57
    j'arrive, I'm coming 32
l'article (m), article 17
l'aspirine (f), aspirin 46
*s'asseoir, sit down 35
  assez, enough 18; quite 33
  attaquer, attack 47
  attendre, wait for 32
  attention (f), look out! warning! 30; attention 35
  au (m), at the 15
    au revoir, goodbye 1
  aujourd'hui, today 18
  aussi, also, too 4
  aussi . . . que, as . . . as 52
l'automne (m), autumn 25
  autre, other 27
  avant, before 22
  avec, with 15
l'avenue (f), avenue 8
l'avion (m), plane 39
*avoir, have 17
    avoir l'air, look, appear 38
  avril (m), April 25

la baguette, long thin loaf 15
la balle, bullet 57
le banc, bench 35
la barbe, beard 54
  beau (f: belle), handsome, beautiful 19; fine 25
  beaucoup, much, a lot 9
le bébé, baby 24
le beurre, butter 15
la bicyclette, bicycle 39
  bien, well 15
    bien sûr, of course 12
    eh bien, well then 18
  bientôt, soon 57
la bière, beer 28
le bikini, bikini 25
le billet, ticket 29
  blanc (f: blanche), white 7

blessé, injured 57
bleu, blue 5
le blue-jean, (pair of) jeans 1
le bœuf, beef 15
    le bœuf bourguignon, beef stewed in wine 28
*boire, drink 22
la boîte, box 50
  bon (f: bonne), good, right 1
  bonjour, good-day, good morning 1
la botte, boot 26
la bouche, mouth 46
la boucherie, butcher's 8
la boulangerie, baker's 8
la boule, scoop, portion (*of ice-cream*) 58
    les boules, (French) bowls 35
la boum, party 55
la bouteille, bottle 40
le bouton, button 32
le bracelet, bracelet 42
le bras, arm 38
la brosse à dents, toothbrush 55
se brosser, brush 59
le brouillard, fog 25
le bureau de poste, post office 50
le bus, bus 49
le but, goal 24

ça, that 1
    c'est ça, that's right 46
    ça alors, for heaven's sake 12
la cabine d'essayage, fitting cubicle 55
le cabinet de consultation, surgery 49
le cadeau, present 42
le cadran, dial 47
le café, café 8; coffee 38
la caisse, cash desk 32; case, box 48
  calmer, calm down 57
le camping, camping 30
le canapé, sofa, settee 42
le car (= l'autocar), coach 22
le caramel, caramel 58
le carnet, booklet 50
la carte, map 47
    la carte d'identité, identity card 18
le cassis, blackcurrant 58
à cause de, because of 58
la cave, cellar 48
  ce, it 1
  ce (f: cette, pl: ces), this 32
  ce que, what (*object*) 42
  ce qui, what (*subject*) 42
  c'est-à-dire, that's to say 18
  cédille, cedilla (*accent*) 36
la ceinture, belt 1

  celle-là, that one 40
  cent, hundred 2
    du cent à l'heure, a hundred kilometres an hour 2
le centime, centime 14
  certain, certain 41
  certainement, certainly 36
la chaise, chair 43
la chambre, bedroom 36
le champignon, mushroom 28
la chance, luck 54
  changer, change 44
  chaque, every 49
le charbon, coal 57
la charcuterie, cold cooked meat 28
le chat, cat 58
  chaud, hot 25
le chauffeur, driver 54
la chaussette, sock 9
la chaussure, shoe 9
la chemise, shirt 1
le chemisier, blouse 55
  cher, dear 9
  chercher, look for 38
  chéri(e), darling 17
le cheval (pl: -aux), horse 57
les cheveux (m), hair 46
  chez, at …'s 15
le chocolat, chocolate 58
  choisir, choose 48
la chose, thing 42
la choucroute, sauerkraut 28
  ci-contre, opposite 47
la cigarette, cigarette 59
le cinéma, cinema 27
  cinquante, fifty 2
  circonflexe, circumflex (*accent*) 36
le citron, lemon 58
le classeur, file 12
la clef, key 40
le club, club 60
le coin, corner 35
le collant, (pair of) tights 1
  coller, stick 50
  combien (de), how much, how many 2
le combiné, receiver 47
  commander, order 35
  comme, as 21; by way of 28; how 31
  commencer (à), begin (to) 28
  comment?, pardon? 27
la compétition, competition 60
*compléter, complete 20
  comporter, comprise 44
*comprendre, understand 51
le compte rendu, report 57

le **compteur**, meter 54
le **concert**, concert 38
la **confiture**, jam 15
    la **confiture de pêches**, peach jam 15
confortable, comfortable 43
le **conjoint**, husband or wife 51
la **connaissance**, acquaintance 33
    faire la **connaissance de**, meet 33
consigné, charged (as deposit) 40
consulter, consult 49
content, happy 29
la **contrebasse**, double bass 38
la **conversation**, conversation 58
la **côte**, rib, chop 28
le **côté**, side 27
    à **côté de**, beside 31
le **cou**, neck 46
la **couleur**, colour 4
le **coup de fusil**, shot 57
couper, cut 29
le **couple**, couple 38
court, short 50
le **cousin**, (male) cousin 51
la **cousine**, (female) cousin 51
le **couteau**, knife 29
coûter, cost 2
*__couvrir__, cover 49
la **cravate**, tie 1
le **crayon**, pencil 12
crier, shout 31
*__croire__, believe 50
le **croissant**, croissant roll 15
la **cruche**, jug 42
la **cuisine**, kitchen 43
curieux, curious 33
le **cycliste**, cyclist 30

la **dame**, lady 32
dans, in 8
danser, dance 27
la **date**, date 25
dater de, date from 43
de, of, from 8
    pas de, no 18
se **débarrasser de**, get rid of 50
le **débourrage**, breaking in (*horse*) 60
décembre (m), December 25
décoratif (f: -ve), ornamental 44
*__découvrir__, discover 48
*__décrire__, describe 43
décrocher, unhook, remove 47
déjà, already 28
déjeuner, have lunch 22
    le **petit déjeuner**, breakfast 22

demain, tomorrow 27
demander, ask 42
la **demi-carafe**, half carafe 28
la **demi-douzaine**, half dozen 15
la **demi-heure**, half hour 38
la **demie**, half 21
la **dent**, tooth 46
le **départ**, departure 22
se **dépêcher**, hurry 38
derrière, behind 8
des, some 9; of the 15
descendre, go down 38; get down 57
dessus, on it 55
deux, two 2
deuxième, second 21
devant, in front of 8
*__devoir__, must 42
mon **Dieu**, my goodness 46
difficile, difficult 36
la **difficulté**, difficulty 38
le **dimanche**, Sunday 25
la **dinde**, turkey 28
dîner, have dinner 22
*__dire__, say 15
direct, direct 41
directement, directly 57
la **direction**, direction 38
la **discothèque**, disco 27
se **disputer**, argue 51
le **disque**, record 35
dix, ten 2
dix-huit, eighteen 14
dix-neuf, nineteen 14
dix-sept, seventeen 14
le **docteur**, doctor 44
le **doigt**, finger 46
ça **doit**, it must 42 (→devoir)
dommage (m), a pity 46
donc, then, do . . ., for heaven's sake 21
donner, give 32; look out 43
le **dos**, back 46
le **doute**, doubt 58
la **douzaine**, dozen 15
douze, twelve 14
droit, upright, straight 38
la **droite**, right-hand side 39
    à **droite de**, to the right of 8
du (m), of the 8

l'**eau** (f), water 40
l'**école** (f), school 22
économique, economical 57
économiser, save 31
écouter, listen to 35

*écrire, write 36
l'église (f), church 14
eh bien, well then 18
l'élection (f), election 35
électrique, electric 55
élégant, elegant 44
élémentaire, elementary 60
elle, she 4; it 6
emballer, wrap up 42
(s')embrasser, kiss 38
l'employé (m), employee 51
en (*preposition*), in 25; by 39
en (*pronoun*), from it, of it, of them, some, any 51
encore, again 22; still 24
encore un, another 24
l'endroit (m), place 37
l'enfant (m or f), child 27
enfin, at last 33; come on! 42
ensemble, together 35
ensuite, then, afterwards 28
entre, among 51
deux d'entre vous, two of you 51
entrer (dans), enter 28
l'enveloppe (f), envelope 50
l'épaule (f), shoulder 46
*épeler, spell 36
l'épicerie (f), grocer's 8
l'équitation (f), horse riding 60
tu es, you are 19 (→ être)
l'escalope (f), fillet 28
*essayer de, try to 38
l'essence (f), petrol 15
est, is 1 (→ être)
l'été (m), summer 25
vous êtes, you are 18 (→ être)
*être, be 20
euh, er 11
eux (m), them 50
éventuellement, if applicable 51
évident, obvious 51
évidemment, obviously 50
exact, exact 41
exactement, exactly 27
excuser, excuse 32
l'exemple (f), example 35
par exemple, for example 35
exprès, on purpose 33

facile, easy 32
la façon, way 50
de toute façon, anyway, in any case 50
faim:
avoir faim, be hungry 28

*faire, make 15; do 18
faire demi-tour, turn round 27
*falloir, be necessary 45
familial (pl: -aux), family 51
la famille, family 51
il faut, we must, one must 31 (→ falloir)
il me faut, I need 42
faux (f: fausse), false, wrong 52
la faute, fault 50
le fauteuil, armchair 42
favori (f: -te), favourite 28
la femme, wife 31; woman 33
la fenêtre, window 43
fermer, close 28
février (m), February 25
la fiche, form 36
la figure, face 46
la fille, girl 44; daughter 51
la jeune fille, girl 44
le film, film 54
le fils, son 51
finir, finish 48
le flanc, flank 57
flâner, stroll 33
la flûte, flute 38
la fois, time 15
ils font, they do 18 (→ faire)
le football, football 44
la forêt, forest 26
la formation, formation 59
former, form 26
formidable, terrific 31
la fourchette, fork 29
la fraise, strawberry 58
le franc, franc 2
français, French 18
la France, France 26
le frère, brother 33
le frigo, fridge 27
froid, cold 25
le fromage, cheese 27
le fruit, fruit 30
fumer, smoke 29
furieux, furious 38
le fusil, rifle 57

la gâchette, trigger 32
gagné, won 18
le gant, glove 9
le garage, garage 8
le garçon, boy 17
garder, keep 42
la gare, station 21
la gare routière, bus/coach station 22

à gauche de, to the left of 8
*geler, freeze 25
le gendarme, (state) policeman 39
la gendarmerie, police station 57
le genou, knee 46
  gentil (f: -lle), nice 32
la glace, ice 29
le goût, taste 58
le goûter, tea 22
le gouvernement, government 59
le gramme, gram 15
  grand, big 32; great 44
la grand-mère, grandmother 51
le grand-père, grandfather 51
les grands-parents, grandparents 51
  gratuit, free 32
  gratuitement, free 51
  grave, grave (*accent*) 36
  gris, grey 18
  gros (f: grosse), big 18
le groupe, group 51
le guichet, ticket window 38

s'habiller, get dressed 59
  habiter, live (at) 36
d'habitude, usually 35
  hésiter, hesitate 58
l'heure (f), hour 18; time 21
  une heure, one o'clock 18
  de bonne heure, early 58
  heureux (f: -se), happy 18
  hideux (f: -se), hideous 43
  hier, yesterday 28
l'histoire (f), story 54
l'hiver (m), winter 25
l'homme (m), man 32
l'horloge (f), clock 21
  horrible, horrible 54
l'hôtel (m), hotel 8
  l'hôtel de ville (m), town hall 21
l'huile (f), oil 15
  huit, eight 5

  ici, here 27
l'idée (f), idea 35
  il, he 4; it 6
  ils (m), they 9
l'imbécile (m), idiot 42
l'imperméable (m), raincoat 59
  impossible, impossible 27
les informations (f), news (*TV, radio*) 59
  installer, install, set up 38
l'instant (m), instant 32

l'instrument (m), instrument 38
  insupportable, unbearable 44
  intelligent, intelligent 32
  interdit, forbidden 27
  intéressant, interesting 33
  intéresser, interest 42
*introduire, put (in) 31
  inventer, invent 50
l'inversion (f), inversion 26

  jamais, ever 49
  ne ... jamais, never 42
la jambe, leg 46
le jambon, ham 38
  janvier (m), January 25
  jaune, yellow 4
  je, I 2
le jeu, game 35
le jeudi, Thursday 25
  jeune, young 19
  joli, nice, pretty 9
  jouer, play 33
le jour, day 25
  le jour férié, public holiday 53
le journal, newspaper 59
  juillet (m), July 25
  juin (m), June 25
la jupe, skirt 1
  jusqu'à, as far as 38

le kilo, kilogram 15
le kilomètre, kilometre 51

  là, there 18
  laid, ugly 19
le lait, milk 59
la lampe, lamp 42
  laver, wash 46
la laverie automatique, launderette 18
  lent, slow 41
  lentement, slowly 38
la lessive, laundry, washing 18
la lettre, letter 36
  leur, leurs, their 17
la levée, postal collection 50
*se lever, get up 35
  libre, free 37
le libre service, self-service 31
  limiter, limit 30
la liste, list 35
le lit, bed 43
le litre, litre 15
le livre, book 12
  loin de, far from 8

long (f: -gue), long 50
le long de, along 35
louer, rent 44
lui, him 38
le lundi, Monday 25
les lunettes (f), spectacles 36

ma (f), my 11
la machine, machine 50
madame, madam 2; Mrs 15
mademoiselle, miss 26
le magasin, shop 31
mai (m), May 25
la main, hand 46
maintenant, now 22
mais, but 1
la maison, house 22
le mal de tête, headache 46
avoir mal à, have a pain in 46
le/la malade, patient 46
manger, eat 22
le manteau, coat 1
le marchand, trader 42
la marche, step 38
en marche, moving 38
le marché, market 42
marcher, go 21; work 42
le mardi, Tuesday 25
le mari, husband 51
le mariage, marriage 17
marié, married 51
marquer, mark, score 24
marron (*invariable*), brown 4
mars (m), March 25
le match, match 24
le matin, morning 22
du matin, a.m. 18
la matinée, morning 58
mauvais, bad 25
la mayonnaise, mayonnaise 28
le médecin, doctor 46
le melon, melon 11
même, even 35; same 55
le menton, chin 46
le menu, menu 28
la mer, sea 54
merci, thank you 1
le mercredi, Wednesday 25
la mère, mother 18
le Métro, (Paris) Underground 38
*mettre, put (on) 55
le meuble, piece of furniture 43
midi, noon 22
au milieu de, in the middle of 38

la mine, mine 57
minuit, midnight 22
la minute, minute 22
moderne, modern 44
moi, me 7
à moi, mine 50; help! 50
moi-même, myself 42
moins, less 21
moins de, less than 51
au moins, at least 31
le mois, month 25
le moment, moment 32
mon (m; f *before vowel*), my 12
le monde, world, people 28
tout le monde, everybody 31
la monitrice, instructress 60
la monnaie, change 47
monsieur, sir 1; Mr 15; gentleman 33
le monstre, monster 54
monter dans, get in 31
monter à, get on 57
la montre, watch 21
mort, dead 57
le mot, word 39
les mots croisés, crossword 39
le musée, museum 46
le musicien, musician 38
la myrtille, bilberry 58

national, national 26
ne ... pas, not 11
n'est-ce pas, isn't it 9
neiger, snow 25
le nettoyage, dry cleaning 5
neuf, nine 5
neuf (f: neuve), (brand) new 31
le nez, nose 46
le nœud, bow 55
noir, black 5
la noix de coco, coconut 58
le nom, name 47
non, no 1
non plus, neither 43; either 55
normal, normal 41
notre, nos, our 17
nous, we 17
nouveau (f: nouvelle), new (*different*) 31
novembre (m), November 25
la nuit, night 18
le numéro, number 32

l'objet (m), object 42
l'occasion (f), bargain 31
occupé, occupied 38; busy 52

octobre (m), October 25
l'œil (m), (pl: yeux), eye 46
l'œuf (m), egg 15
*offrir, offer 24
ombragé, shaded 44
on, one 32
l'oncle (m), uncle 51
ont, have 17 (→ avoir)
onze, eleven 14
l'or (m), gold 42
   en or, golden 42
l'orage (m), storm 25
l'orange (f), orange 11
orange, orange 4
ordinaire, regular (*petrol*) 15
l'ordonnance (f), prescription 46
l'oreille (f), ear 46
ou, or 8
où, where 8
oublier, forget 35
ouf!, phew! 14
oui, yes 1
ouvert, open 18 (→ ouvrir)
*ouvrir, open 18
   ouvrez!, open up! 1

le pain, bread 15
   le pain au chocolat, chocolate roll 40
   le pain grillé, toast 59
   le gros pain, large loaf 15
la paire, pair 18
la paix, peace 26
en panne, broken down 38
le pantalon, (pair of) trousers 1
papa, father, dad 19
le paquet, parcel 42
par, by 28; per 54
parce que, because 42
pardon, I'm sorry 12; I beg your pardon 17; excuse me 21
pareil (f: -lle), similar, same 42
les parents (m), parents 51
le parfum, perfume 49; flavour 58
la parfumerie, perfumery 49
parier, bet 51
le parking, car park 14
parler, talk 38
particulier (f: -ère), special 59
*partir, leave 22; go off (*gun*) 57
   à partir de, from...on 51
partout, everywhere 42
se passionner pour, be very keen on 35
*payer, pay 32
la pêche, peach 11

pendant, during 57
la pendule, clock (*in house*) 21
penser (à), think (of) 11
la pension, boarding, livery (*horses*) 60
perdre, lose 17
perdu, lost 17
le père, father 51
la personne, person 36
personne...ne, ne...personne, nobody 38
petit, little 32
les petits-enfants, grand-children 51
peu, shortly 35
   un peu, a bit 27
peut-être, perhaps 28
la pharmacie, chemist's 26
la phrase, sentence 50
la pièce, room 43; coin 47
le pied, foot 46
   à pied, on foot 39
le pique-nique, picnic 30
la pistache, pistachio 58
la place, place, room 27; square 35
la plage, beach 33
le plat garni, 'garnished dish' (meat with potatoes) 28
plein, full 25
   faites le plein, fill it up (*car*) 25
*pleuvoir, rain 25
la plupart des (+ *pl. verb*), most of the 38
plus, more 27
   plus loin, further 27
   plus...que, more than 38
   le plus, the most 50
   ne...plus, no more 40
   non plus, neither 43; either 55
plusieurs, several 57
plutôt, more (like), rather 31
le pneu, tyre 40
la poche, pocket 18
le poids lourd, (heavy) lorry 27
la poire, pear 11
la poitrine, chest 46
le poivre, pepper 28
la pomme, apple 11
la pomme de terre, potato 28
les pommes frites (f), chips 29
la pompe, pump 31
le poney, pony 57
le porc, pork 15
la porte, door 54
porter, wear 2; carry 38
la portière, door (*car*) 54
poser, put down 59
*posséder, possess, own 43

possible, possible 24
le pot, pot 15
le potage, soup 28
le poulet, chicken 28
    pour, for 7; ...'s worth 15; in order to 29
    pourquoi, why 27
  *pouvoir, can, be able to 40
    pourrait, could 50
    praliné, praline (= with ground sugared almonds) 58
la précaution, care 31
  *préférer, prefer 7
    premier (f: -ère), first 21
  *prendre, take 21
le prénom, Christian name 36
    préparer, prepare 24
    près de, near 8
    presque, nearly 33
    principal, principal 53
le principe, principle 51
le printemps, spring 25
la priorité, priority (*at road junction*) 30
le prix, price 28
    à prix fixe, fixed price 28
    prochain, next 22
    proche, near 50
le professeur, teacher 26
    profiter, profit, take advantage 51
*se promener, walk 35
en promotion, special offer 11
    puis, then 21
le pull, pullover 4
le pyjama, (pair of) pyjamas 1

le quai, platform 38
    quand, when 32
        quand même, all the same 48
    quarante, forty 2
le quart, quarter 21
        le quart d'heure, quarter of an hour 38
    quatorze, fourteen 14
    quatre, four 2
    quatre-vingt-dix, ninety 24
    quatre-vingts, eighty 24
    que, what? 35; that 39
      ne ... que, only 38
      plus ... que, more than 38
      que de, what a lot of 50
      qu'est-ce que, what (*object*) 1
      qu'est-ce qui, what (*subject*) 5
    quel (f: -lle), what 21
        de quelle couleur, what colour 4
    quelque chose, something 9
    quelquefois, sometimes 54

    quelque part, somewhere 27
    quelques, a few 35
la question, question 26
    queue:
        faire la queue, queue up 50
    qui, who? 13; who, which 42
        à qui, whose (is)? 50
    quinze, fifteen 14
    quitter, leave, ring off (*phone*) 47
    quoi, what 29
        pour quoi faire?, what for? 29
        quoi encore?, what else? 44

    raconter, tell 57
la radio, radio 59
le raisin, grape, raisin 58
    raison:
        avoir raison, be right 28
la randonnée, excursion, ride 57
    rapidement, rapidly 57
    rare, rare 42
le rasoir, razor 55
la récapitulation, recapitulation 31
 *recevoir, receive 47
    regarder, look at 21
    regretter, be sorry 18
    remarquer, notice 42
 *remettre, put back on 55
le rempart, rampart 14
    remplir, fill up 36
    rencontrer, meet 35
le rendez-vous, rendezvous, date 55
    rentrer, go back (home) 24
    répondre, reply 35
    réserver, reserve 27
le réservoir, tank 31
le restaurant, restaurant 8
    rester, stay 57
    retourner, return 57
      se retourner, turn round 59
    retirer, pull out 31
    retraité, retired 35
        le retraité, pensioner 35
*revenir, come back 32
*revoir, see again 56
        au revoir, good-bye 1
le revolver, revolver 31
le rhum, rum 58
    ridicule, ridiculous 27
    rien:
      ne ... rien, nothing 35
      ça ne fait rien, that doesn't matter 43
*rire, laugh 38
la robe, dress 1

la **robe de chambre**, dressing gown 59
le **robinet**, tap, nozzle 31
le **rognon**, kidney 28
rose, pink 55
rôti, roast 28
rouge, red 4
la **route**, road 57
la **rue**, road, street 8

sa (f), his, her 12
le **sac**, bag 18
sale, dirty 18
la **salle**, hall 38; room 47
    la **salle de bain**, bathroom 40
    la **salle de classe**, classroom 22
le **samedi**, Saturday 24
la **sandale**, sandal 9
le **sandwich**, sandwich 26
le **sanitaire**, bathroom equipment 44
sans, without 31
    sans doute, no doubt 58
la **saucisse**, sausage 28
*****savoir**, know 21
le **savon**, soap 55
le **sein**, breast 46
seize, sixteen 14
le **séjour**, living room 42
le **self(-service)**, self-service restaurant 28
la **semaine**, week 25
à **sens unique**, one-way 27
sept, seven 5
septembre (m), September 25
le **service**, service 47
la **serviette**, towel 55
ses (pl.), his, her 14
seul, only 38; alone 59
    un seul, just one 38
seulement, only 17
si, yes, of course 19; if 37
    s'il vous plaît, please 1
    s'il te plaît, please (*to friend*) 12
    si ... que, so ... as 51
le **siège**, seat 38
simple, single 38; simple 41
six, six 5
le **slip**, (pair of) pants 1; (pair of) swimming trunks 33
SNCF (f) – Société Nationale des Chemins de Fer Français, French Railways 51
la **sœur**, sister 50
soif:
    avoir soif, be thirsty 28
le **soir**, evening 22
soixante, sixty 2
soixante-dix, seventy 24

en solde, reduced 55
le **soleil**, sun 25
sommes, are 18 (→ être)
somptueux (f: -se), sumptuous 44
son (m; f *before vowel*), his, her 12
sont, are 9 (→ être)
*****sortir**, leave, come out 31; go out 36
soudain, suddenly 42
*****souffrir**, suffer 46
*****sourire**, smile 35
sous, under 12
souvent, often 9
spacieux (f: -se), spacious 44
le **stage**, course (of instruction) 60
la **station**, station (on Underground) 38
le **stationnement**, parking 27
stationner, park 27
le **steack** (**tartare**), (raw minced) steak 28
stupide, stupid 50
le **stylo** (**à bille**), (ballpoint) pen 12
le **sucre**, sugar 59
suis, am 19 (→ être)
*****suivre**, follow 54
le **super**, super (*petrol*) 15
superbe, superb 31
le **supermarché**, supermarket 18
sur, on 12
sûr, sure 46
    bien sûr, of course 12
surpris, surprised 33
surveiller, keep an eye on 47
sympathique, nice, pleasant 35

ta (f), your 11
le **tabac**, tobacconist's 8
la **table**, table 12
    la **table de nuit**, bedside table 43
la **tache**, stain 31
la **tante**, aunt 51
le **tapis**, cloth, cover 48; carpet 55
tard, late 18
le **tarif**, tariff, fare 51
la **tasse**, cup 55
la **taxation**, charging, charges 47
le **taxi**, taxi 38
le **taxiphone**, callbox 47
la **télé**, TV 30
le **téléphone**, telephone 40
téléphoner (à), telephone 57
la **télévision**, television 22
le **temps**, weather 25; time 37
*****tenir**, hold 38; keep 39
    se tenir, stand 38
la **terrasse**, terrace 35

tes (pl.), your 14
la tête, head 46
le ticket, ticket 38
tiens!, well well! 18 (→ tenir)
le timbre, stamp 40
toi, you 2
à toi, yours 50
la tomate, tomato 11
tomber, fall 57
ton (m; f *before vowel*), your 12
tort:
avoir tort, be wrong 28
toucher, touch 30
toujours, still 17; always 32
la tour, tower 57
tout (m pl: tous), all 4
du tout, at all 33
tous les jours, every day 49
*traduire, translate 49
le train, train 22
tréma, diaeresis (*accent*) 36
trente, thirty 2
très, very 18
très bien, right 15
triste, sad 19
trois, three 2
trop, too 9
le trottoir, pavement 27
trouver, find, consider, think . . . is 33
se trouver, be, be situated, stand 42
trouvé, found 17
le truc, thingy, thingummy 32
tu, you 2
le tube, tube 42

un, a 1; one 11
l'usine (f), factory 59

les vacances (f), holidays 26
la valise, case 36
la valeur, value 42
la vanille, vanilla 58
la vapeur, steam 28
les pommes vapeur (f), boiled (or steamed) potatoes 28
vaste, vast 44
le veau, veal 15
le vendeur, salesman 58
la vendeuse, sales girl 55
vendre, sell 42
le vendredi, Friday 25

*venir, come 32
le vent, wind 25
le ventre, stomach 46
vérifier, check 40
le verre, glass 24
vers, towards, at about 22
verser, pour 59
vert, green 5
la veste, jacket 18
le vestibule, hall (*in house, flat*) 42
les vêtements (m), clothes 41
le/la vétérinaire, vet 49
veuillez, kindly 49 (→ vouloir)
la viande, meat 15
vide, empty 28
la vie, life 35
vieux (f: vieille), old 19
la ville, town 14
le vin, wine 22
le vin ordinaire, table wine 40
vingt, twenty 2
vingt et un, twenty-one 19
visiter, visit (*of doctor*) 49
vite, quickly 54
la vitrine, shop window 54
voilà, there you are 2; there's 11
*voir, see 33
la voiture, car 11; railway coach 37
le volley-ball, volley ball 33
votre, vos, your 17
*vouloir, like 29
voudrais, -ait, -iez, would like 37
je veux bien, I will 44
vouloir dire, want to say, mean 45
vous, you 17
le voyage, journey 51
voyager, travel 38
le voyageur, traveller 36
voyons, come on 12 (→ voir)
vrai, true 27
vraiment, really 24
la vue, view 44

le week-end, weekend 54

y:
il y a, there is, there are 27; ago 59
qu'est-ce qu'il y a?, what's the matter? 50

zut!, oh blow! 42

Grammar Index

acheter, present   103
adjectives
   agreement   13, 23
   comparative   163
   demonstrative   94
   irregular feminines   137
   plural of *-eau, -al*   164
   position   13, 94
   possessive   30, 48
   superlative   163
adverbs, formation   120
aller
   plus infinitive   80
   present   80
s'appeler, present   104
article
   definite   5, 23
   indefinite   5, 23
avoir
   plus *faim/soif/raison/tort*   81
   present   48
   with ages   69
au, aux   38
aussi . . . que   163

beau   94
boire, present   80

ce/cet/cette/ces   94
ce qui/ce que   136
c'est/ce sont   38
-ci   119
compléter, present   104
couvrir, present, perfect   148

date   68
days of week   68
découvrir, present, perfect   148
de
   after expression of quantity   38;
   for possession   38
des   23
dire, present   119
du/de la/de l'   23, 38

elle/elles   23
en (object pronoun)   164
épeler, present   104
est-ce que?   69
être, present   59

faire
   present   69
   with weather   69
falloir (*il faut*)   95, 136

il/ils   23
il y a   80

jamais (*ne . . . jamais*)   137

le/la/l'   5, 94
-là   119
se lever, present   103, 104
les   23, 94

M./Mme   38
mettre, present   173
moins . . . que   163
mon/ma/mes   30, 38
months of year   68

ne
   ne . . . jamais   137
   ne . . . pas   30
   ne . . . personne   119
   ne . . . plus   119
   ne . . . que   119
   ne . . . rien   103
negatives   30
nouns
   gender   5
   plural   23
   plural of *-eau, -al*   164
nouveau   94
numbers, ordinal   60

offrir, present, perfect   148
on   94
ouvrir, present, perfect   148

partir, present   59
pas (*ne . . . pas*)   30
pas de/pas des   49
pas si . . . que   163
personne (*ne . . . personne*)   119
plus (*ne . . . plus*)   119
plus . . . que   163
polite and familiar forms   48
pouvoir, present   136
préférer, present   104
prendre, present   59

prepositions with infinitive   186
se promener, present   104
pronouns
   direct object   94, 148
   disjunctive   163
   object pronoun *en*   164
   object pronouns with
      imperative   173
   object pronouns with
      infinitive   186
   possessive   163
   reflexive   148, 149
   subject   23

quantity, expressions of   38
que
   (= as, than)   163
   (*ne ... que*)   119
   (relative, interrogative, conjunction)   136
qu'est-ce qui/que/qu'?   13
quelque chose de   137
question forms   68
qui (relative, interrogative)   136

rien (*ne ... rien*)   103

seasons   68
si = yes   60
son/sa/ses   30, 38
souffrir, present, perfect   148

tenir, present   119
time   59

ton/ta/tes   30, 38
tout   164
tu/vous   48

un/une   5

venir, present   119
verbs
   imperative (command form)   59, 80, 119, 148
   in *-e .. er*   103
   in *-yer*   120
   infinitive after adjectives/prepositions/verbs   185
   infinitive forms   80
   infinitive with *à/de*/nothing   185
   inversion after direct speech   137
   perfect, *-dre* verbs   119
   perfect, *-er* verbs   48
   perfect, *être* verbs   185
   perfect, *-ir* verbs   148
   perfect, irregular verbs   173
   perfect, reflexive verbs   185
   present, *-dre* verbs   119
   present, *-er* verbs   13, 23, 48
   present, *-ir* verbs   148
   present, reflexive verbs   103
   reflexive infinitive   103
vieux   94
voir, present   173
vouloir
   je voudrais etc   136
   present   136
vous/tu   48